顧翊群著

中西社會經濟論衡

三民書局印行

© 中西社會經濟論衡

著　者　顧翊群
發行人　劉振强
出版者　三民書局股份有限公司
印刷所　三民書局股份有限公司
地址／臺北市重慶南路一段六十一號
郵撥／〇〇〇九九九八—五號
初　版　中華民國六十一年五月
再　版　中華民國六十八年十二月
編　號　S85122①
基本定價　[illegible]
行政院新聞局登記證局版臺業字第〇二〇〇號
著作權執照臺內著字第五二九一號

中西社會經濟論衡

編號 S55122①

三民書局

ISBN 957-14-1542-1（精裝）

三民文庫編刊序言

書是知識的滙集，知識是人人必備的，因而書是人人必讀的；我們出版界的責任，就是要提供好書，供應廣大的需要。不但在內容上要提高書的水準，同時在價格上也要適合一般的購買力，至於外觀求其精美，當然更是印刷進步的今日應該做得到的。

知識是多方面的，社會科學、自然科學的知識，文學、藝術、哲學，歷史的知識，莫不為人所必需，推而至於山川人物的記載，個人經歷的回憶，也都包括在知識的範圍以內；這樣廣博知識的滙集，就是我們所要出版的三民文庫陸續提供的讀物。

在歐美日本等國，這種文庫形式的出版物，有悠久的歷史及豐富的收穫，人人愛讀，家家傳誦，極為我們所欣羨。近年來我國的出版界，在這方面亦已有良好的開始；我們願意站在共求文化進步的立場並肩努力，貢獻我們微薄的力量，參加這種的行列。我們希望得到作家的支持，讀者的愛護，同業的協作。

中華民國五十五年雙十節

三民書局編輯委員會謹識

序言

昔賢論人生，謂應行萬里路讀萬卷書。余不敏，生平游踪及於亞非歐美多國。兩次飛越喜馬拉亞山，六經太平洋四渡大西洋。七十二年中三分之一係在國外。至於國內之東北長城與西南僻壤，如龔定厂所過之南口，韓昌黎所到之潮陽，劉禹錫所貶之連州，蘇東坡所謫之惠陽，與夫川黔湘桂諸省，乃至匡廬、峨眉、大庾、衡岳、及大連、青島、杭州、普陀之山阿海澨等，均曾經歷或遊覽。瑞士與北美之高山大湖亦曾觀賞焉。然均走馬看花耳，殊無補於對風土人情之認識也。

以言讀書，自總角受敎以迄今日，未嘗釋卷。生平所收藏中西圖書之在滬在粵在渝者，先後喪失。居美廿年及來臺五載餘，復曾陸續收購中西文史科哲書籍，連屋充庭羅列於紀念 先人之管緶書室。游觀嘯傲，不啻南面百城，第論學術之探究，殊未敢言有造詣，更不足以語升堂入室已。

廿世紀爲科學技術之大時代，其成績遠邁前徽。然正如古代術士之頑徒，於乃師出游時念呪召水而幾肇巨患，猶幸乃師及時降壇作法，退却狂瀾而免於浩刼；今日之科哲大師等於發揚最新學理後亦轉而推崇前賢之箴言，對末學躁進者與社會公衆提供勸告，以期防阻原子戰，與人口潮，及通貨膨脹災難，實乃明慧之遠見也。

我中華文化綿亙數千年，民族民權由以漸臻光大，民生資以阜康。然中間恒迭有頑劣輩之尙暴力輕德業，知進而不知退，以致引起滔天禍害者，史官曾詳爲記載。就中當以秦漢之交嬴政之焚書坑儒，與當前毛共之殘民歛財，以製造原子武器與火箭且進行對外侵略之擧，爲最顯明之例鑒。余徼幸未罹鐵幕之厄，於多年效獻國家及服務國際金融機構之後，克能藏脩息游於自由寶島。居恒閱讀之暇，耑以撰寫爲務。日就月將，積稿盈寸。茲迺庚續過去所撰之「李商隱評論」，與「危機時代的中西文化」，以及「危機時代國際貨幣金融論衡」三書之後，重行整理近三十餘年來所寫多篇文字依主題性質分爲數書，交三民書局印行，以就正於當代之高賢。茲書以中西社會經濟爲主題，餘者當陸續刋行。余家三代自 先祖 先君以迄先長兄伯笙均有著作傳世。今玆之作雖志紹箕裘，第膚淺固陋在所不免。苟承 大雅君子加以匡正而補其闕失，則誠私心所願而虔予拜嘉者也。

民國六十一年花朝日

淮安顧翊羣識於管艇書室

中西社會經濟論衡　目錄

廣東省銀行年報弁言

翊羣於民國二十五年七月自海外歸來，八月承乏本行行務。時值粵省政治更新，百端待理。自維輇才，深處隕越。受命以來，幸承當局指示，同仁協助，使行務日有增進，良用欣慰。

竊維中國目前所最需要者，厥爲經濟建設，經濟建設之目標，不外立定國防基礎及提高人民生產能力暨生活水準，易言之，卽中國自動的現代化而已。但經濟建設必在貨幣安定的狀況之下方克進行，此則翊羣所拳拳服膺，確信不渝者。

本行爲省營銀行，由政府撥定巨資，付與權力，對於本省經濟建設之輔翊，責無旁貸。數月來翊羣參與粵省金融之整理，幣値之維持，益信安定貨幣，裨益於社會經濟者至大，溯自粵省統一於中央以來，因政治及幣値轉趨安定，各項建設，着着進行；社會經濟，日就繁榮；華僑滙款，既有增加；農村現狀，亦呈好轉；凡此種種，皆足以證明貨幣安定之成效。

茲值本行營業年度結束，所有一年來經過情形，應有詳盡報告，貢獻政府當局，藉考過去之工作及其盈虧消長，因有年報之編述。此編首先對廣東一般經濟，加以檢討，繼對本行業務及發行，不厭詳述，後殿以本行將來之展望，以明致力之途徑。並以本行現雖爲地方銀行，然從歷史觀察，乃 總理手創之中央銀行，在北伐時期，其所處之地位，實至重要，革命之成功，得力於本行甚大，而時局變遷，本行亦隨政治之動向而變易其環境，惟十餘年來經過情形，尙無系統之叙述，論者惜之。翊羣接掌行務，治事之餘，稽考故實，認爲本行過去歷史，在在與本省經濟有密切之關係，因責成本行經濟研究室搜集資料，細加整理，爲有條理之記錄，歸納於年報之中，庶使關心廣東經濟及本行業務者，於此可得研究參考之資料，語曰：「前事不忘，後事之師」。此編之作，或爲社會人士所許歟？

本報告由本行經濟研究室正副主任杜梅和楊壽標二君負編纂之責，書此並誌其勞。中華民國二十六年三月一日顧翊羣識於廣東省銀行。

後註：余在粵省行四年任內每歲均刋有年報，但多年來轉徙各地匣中已無存稿。此文係承許榮蔭、胡石如兩兄協助，自美國某圖書館中存本錄寄，書此誌謝其勞。六十一年元旦日

米特氏「經濟分析與經濟政策」譯本序言

近世各國之經濟設施，萌育之始每多先出於抽象之經濟思想，此在經濟史中，實屬屢見不鮮，自重農主義與而法國之重商政策，遂一蹶不振，自亞當斯密盛言國際分工之利，於是英國遂成爲傳統之自由貿易國家，美國有前一二十年之控制景氣循環學說，遂有羅斯福之經濟新政(New deal)。本世紀之初，德國經濟學家慕勒(Adam Muller)及斯盤(Othmar Spann)倡導全體主義(Universalismus)以爲個人與社會，乃一有機的精神聯合，而非機械的物質關係。所謂經濟制度，無非爲政府之一種工具。其思想演進，遂爲希特拉統制下之德國極權經濟制度，使全國一切經濟企業均構成一種組合，更令各組合集中爲一有機之總體，以推進其中心國策。由是可見一國經濟制度之演進，必須自有其基本理論之導源，用一本，貫萬殊，則萬變不離其宗，國家百年大計且賴之以定矣。

泰西經濟理論，日新而月異，此種新經濟思想之介紹，實可供吾國理論探討之用。自對日抗戰以來，海外交通梗塞，新刊西籍來源日少，治斯學者，固有逆水行舟之感，而秉國策者，謀猷旁借之需，亦待廣徵博討。翊群近讀英國米特教授所著「經濟分析與經濟政策」一書，深覺其具有種種特點，蓋自第一次世界大戰以後，經濟思想發生極大之變化，其中劍橋學派對於新經濟原理之研究，尤爲努力。例如儲蓄與失業之關係，及不完全競爭之學說，已成爲最近世界經濟思想之中堅。而斯著乃能集歐戰後二十年間劍橋新經濟學說之大成，是實爲本書之第一特點。普通論經濟原理之書，往往離實際問題甚遠，而此書則能於學理研討之中，徵引實證，俾得燭治彌明，此其二。一般經濟典籍，常可依「經濟原理」與「經濟政策」兩類爲之劃分，而此書獨能將原理與政策冶爲一爐，此其三。無論在原理方面或在政策方面，議論平和，不偏不頗，既不過激，亦不保守，此其四。除對於正常經濟現象詳爲敍述外，並論及戰爭之經濟因素及戰後之國際提攜，可稱深切時要，此其五。本書具有上述五優點，實爲近年經濟界之鉅作。爲求廣供研議，因即囑本行經濟研究處殷課長錫琪迻譯之，以餉國人。殷君窮四月之力，始得脫稿，字斟句酌，「譯文」務求適切作者原意。余讀校一過，亦深覺其能符合信達之旨，用特付諸剞劂，藉爲國人經濟理論研討之資材，及有關經濟設計之參證焉。

然是書立義艱深，陳詞賅博，卽原書作者，亦自認爲「未必易讀」，（見原著者序。）且篇幅相當浩繁，檢閱不易。玆爲便利讀者起見，特將全書內容，提其梗要於後：

是書之「緒論」，首先揭示經濟之目的，在於提高一國之生活程度。而欲達此目的，須循四方面進行，卽令資源無呆滯，消費者能得最大之消費量，所得之分配，能令每人獲得最大之滿足，及人口與資本能達最優之比率是也。在上述四種條件之中，欲求資源之充分利用易，而令所得之重分配則難，蓋後者必損害「旣得權益」也。繼之將全書分爲五篇，論述就業與失業，競爭與獨佔，所得分配，生產因素供給，及國際問題。

第一篇論「失業」卽討論經濟衰落之原因與對策也。一國資源雖豐，其仍不免貧窘者，卽由於失業所致。欲消弭失業，可不必藉革命性之手段，而祗須採用以下各種方法：（一）藉銀行利率及信用政策以操縱生產，（二）計劃公共工程以調劑私營企業之榮枯，（三）挫折消費支出以增加投資是也；此外尙可限制工時，抽調從業人員，及改良稅制以增加就業。

第二篇「競爭與獨佔」檢討現行經濟制度之利弊，及其改革之方法。所謂完全競爭，乃指生產因素自由移動，以達於邊際生產力，而消費者所付價格亦等於其所享效用。如能實現完全競爭，則生產量可達於最高點，而全社會可得最大之享用。惟事實上無論買方賣方，競爭均不完全，而形成獨佔狀態，此蓋由於生產因素不易移轉，貨物品質龐雜及買者消息不靈所致。獨佔之管制，本可用五種對策，即取締行業結合，宣傳合理消費及指導勞工就業，集中經營以求生產合理化，用租稅或補助金以控制產量，及實行價格統制。然以上五種方法，亦各有其利弊，仍未能盡除獨佔之害，故又不得不採用工業國營及經濟設計，組織全國工業委員會及投資委員會，根據現行之價格體系，以推動生產資源，控制生產部門，使社會生產量達於最優之點。

第三篇「所得分配」乃討論如何使人民生活可得最高量之滿足，在現代狀況之下，無論工作之所得或財產之所得均不平等，此乃因機會之不均，移轉之阻力及財產權之不均所致，此種缺點，可藉租稅方法以改良之。例如提高直接稅之累進率，並以稅收購入私產之一部，以為國有。惟國有之財產不必盡須國營，而國營者亦不必定為國有。

第四篇「生產因素之供給」乃敍述人口與資本之如何適當配合。生產因素中，土地有定而人口及資本二者可變。勞工量之最優供給，亦即人口之最優數量，乃使工資得等於勞力之邊際生產，至於欲求資本達於最優數量，則須使儲蓄與消費能達最佳之比率。如每人均能得最大滿足，而資本之生產力亦已達於邊際，則人口與資本，均可符合最優之數量矣。

第五篇「國際問題」，與前四篇之觀點殊有不同。以上之所論，乃假定一國係在自足自給之狀態而言，但此篇則進而討論國與國間之經濟關係。國際間收支能否平衡，視幣值，物價，運費，關稅，借款及利息等而定。金本位制度，本可為平衡國際收支之工具，然欲達此目的，須假定國內全部就業，生產因素可以移動，工資可以增減，貨幣有準備金，價格安穩，及關稅不致過高。如不用金本位，則祇能求國內價格穩定，而匯率則任其自由升降。如此欲求國際平衡，則須有平準基金，匯兌管理，並限制資金之流出。欲國際貿易之利益增加，須國際間生產因素自由移動，令各國克能集中之於成本低廉之產業。過去主張保護貿易者，無非欲求交易條件有利，增加外人稅額負擔，保護幼稚工業，抵抗外國低工資之競爭，及防止國內失業。然此種利益多能以其他方法獲得之，國際間實應採下列五種協定，以謀互相提攜：（一）各國中央銀行採用低利政策，以擴充資本設備及救濟失業，（二）共同採用金本位以安定匯價，（三）除去貿易上之障礙（四）促進資本之流動，（五）鼓勵國際之移民。過去用戰爭方法以擴充市場及救濟國內失業，殊非得計，結果反蒙受經濟上之損失。其實國際間之衝突，均可藉上述五種協定，以謀解決。如再加以殖民地門戶開放，及各國特產公開，則國際和平當更有所保障云。

余讀米特書後，殊有所感。米氏此書，開宗明義，即以充分利用資源，以提高國民生活程度，爲一切經濟設施之手段及目的。此種基本思想，吾國於四千年前亦早有所發明。大禹謨所謂「利用厚生」一語，其涵義精微，與米氏之論，完全相合。蓋『利用者，工作雜器商通貨財之類，所以利民之用也；厚生者，衣帛食肉，不飢不寒之類，所以厚民之生也』（尙書集傳）。一國倘能確以『利用厚生』四字爲鵠的，則資源之運用民生之安樂，庸可量乎。

過去產銷失調之原因，米氏以爲與勞工之移轉無常及消費者之自由好惡極有關係，此種見解，頗値注意。良以吾國在抗戰時期勞工就業之自由與消費者享用之自由，亟應加以限制，最近政府已決定設立勞動局以指導就業，並引用總動員法擬訂管制消費四大原則，誠亦匡時之要務也。

是書著者所倡導之經濟政策，不主張採用激烈方法，而獨偏重金融財政之正常措施，以余近年供職政府，側與金融財政之國計，故對於著者之說，特感覺其興趣，國家資源之利用，實可用妥善之銀行政策，使其接近於最適當之就業數量，至於利用直接稅及補助金等財政政策，以調整各產業之均衡發展，及改進各階級之收入分配，則吾國近年固亦已先後爲各種之措施。事勢所趨，殊爲方興未艾也，抑米氏之學，究其根柢而言，如藉財政政策，以實現其經濟理想，及其關於競爭與獨佔等論理，微言精義，即以仰揆於　總理民生主義之典則，其於平均節制之義，固亦莫能更外，學者於此，益可以見三民主義實可準諸四海百世，而闡明光大，亦在其所善爲實行矣。

米氏並主張於正常之金融財政政策外，設立經濟設計之機構以爲之輔導，全國應有投資及工業委員會，預測產銷之需求，由國營事業與私人企業合作，釐定長期計劃，使各種產業達於適當之發展。因思吾國最近常有放任與管制之辯，當中央設計局成立之初，余曾承乏該局副秘書長職務，故對於此一問題，亦曾詳加思索。按經濟思想中，有放任及干涉兩大相反主張，不特歐西爲然，卽在吾國亦固早已有之。老子所謂「民莫之令而自均」莊子所謂「無爲而萬物化」乃放任之說也。管子通輕重之權，徵山海之業，爲「國筴之大者」，則干涉之說也。此二說孰非孰是，余以爲兩說之出發點完全不同，而各在針對其所假定之社會。道家之放任主義，乃假定「民有常性」（莊子馬蹄篇）「建德之國，其民愚而樸，少私而寡欲，知作而不知藏，與而不求其報」，（山木篇）。而法家之干涉主義，乃假定「今之民巧以僞」（商子開塞篇），「能勝强敵者，必先勝其民者也，故勝民之本在制民」（畫策篇）。換言之卽社會在正常狀態，民衆能保持常性，則應以放任爲主。反之如强敵當前，若同時民巧以僞，則不能不實施干涉。前賢所論，亦各自有其對治之象。不特此也，兩種政策如各走極端則又弊害叢生。漢初七十餘年之間，採取極端放任主義，結果『網疏而民富，役財驕溢，或至兼併豪黨之徒，以武斷於鄉曲』（史記平準書）。其後張湯桑弘羊改用極端干涉主義，於是又『法令如毛，民無所措手足』，蓋『非患銚耨之不利，患其舍草而去苗也』（鹽鐵論申韓篇）。由此更可見放任與干涉，不特自有其對象，並且各有其限度。然則放任與干涉之辯。當亦可以休矣。孔子之道，以「因民之所利而利之」，爲國家之大經，執中之論，方永世不磨。而米氏以爲如正常之金融財政設施，仍未能達利用厚生之目的，則不能不以國家之設計機構以爲之助，則又正符「太上因之，其次利道之，其次教誨之，其次整齊之」之宏旨也。

吾國抗戰勝利，已在目前，戰後經濟制度，其將採「逐漸解除統制」(Decontrol) 之辦法歟，抑永久實施更高度之管制歟，本書所提供之「經濟分析與經濟政策」，其於解答此一問題，或將為留心時務者之借鏡焉，是為序。

三十一年八月一日於重慶中國農民銀行

論自由社會與計劃經濟——致錢君書

逸黎仁兄大鑒：近奉

手書，備聆種切。我

兄出國考察，收穫豐富，自在意中。所命蒐集各國經濟文獻一節，現國際貨幣基金出版之「INTERNATIONAL FINANCIAL STATISTICS國際金融統計月刊」，舉凡重要國家（蘇聯除外）之貨幣金融物價貿易等重要統計，均經羅列。書末並附詳細註解，闡釋各國之外滙管理制度，國際收支狀況，以及金融市場情形等等。手此一卷，當前各國經濟形勢已可窺見一斑。茲另郵寄奉最近一期，藉供參攷。此外基金並收集各國重要經濟資料，編成「COUNTRY BOOKS會員國統計手册」比之上述月刊更爲詳盡。但未經刋行僅供內部之應用。

年來計劃經濟風靡一時。尤以英國工黨執政後，以民主國家而奉行社會主義計劃經濟，最為引人注意。其實純粹自由經濟在現代已成鳳毛麟角。政府干涉管制，由來已久。例如中央銀行對重貼現業務之運用，與對商業銀行存款準備金之規定，政府對工廠安全設備之視察，與工人工作條件以及社會福利之推進，乃至對食品與藥物之視察與規定等等，均屬於政府管理之範疇。以目前情形論，自由經濟最後壁壘之美國，對原子能工業應用，亦由其政府組織委員會從事開發與管理，可見計劃管制經濟浸已變為當前社會經濟環境之產物。十九世紀式純粹自由經濟頗難有重建之可能。但計劃管理雖難完全避免，而政治經濟學者對計劃管理之範圍或深度，則爭論甚多。反對計劃經濟者，認為如用全國管制，計口授糧等辦法將生產交換分配等所有經濟部門全部統制，則政治上殆必為極權政府，浸假而奴役人民形成獨裁。反之如對消費者之需要，約略匡計，零碎地干涉，則實質上並非眞正計劃經濟。事實上如對甲部門計劃管制，則非管制乙部門不可，管制乙部門則又非管制丙部門不可，馴至全部經濟部門皆需管制。例如英國貝勛爵 LORD BEVERIDGE 在「自由社會中之全面就業 FULL EMPLOYMENT IN A FREE SOCIETY」書中，為謀穩定私人投資起見，將金融租稅工資物價等等，逐一置於管制之列。蓋非此無以達到其最初目的也。但縱使能達到目的，而重重管制下之社會，當已非「自由社會」矣。英國戰後工黨政府執行計劃管制之結果，不惟急若燃眉之國際收支問題，未獲解決，卽對當前英國應有之基本經濟調整措置，亦未盡臻完善。論者均謂若非美國之鉅額貸款與協助，英國戰後之社會制度，當已不克繼續。英國文官制度完善，人民奉公守法，經濟紀錄亦復週詳，而其計劃仍難免紙上談兵，不切實際。該國煤礦收歸國有後，每礦工產額不及美國每礦工之三分之一。現英國政府正自美國聘請工業專家多人，請其對各種實業，提出改進意見。近傳民意測驗，工黨聲望大見削弱。經濟政策之失敗，實爲其最大原因。社會主義已有百年歷史，除間接刺激資本主義國家採行社會政策外，吾人並無任何佐證，足以證明社會主義必然的取資本主義而代之。瑞典以社會主義國家著稱，其成就主要係由於：㈠該國在過去兩百年來未曾參加戰爭，㈡其人口不增加而有逐漸減少傾向。邇來名經濟學者如 OHLIN, MYRDAL 等人掌理該國經濟行政大權十餘年於茲；但今日瑞典仍有通貨膨脹現象，其經濟狀況亦遜於其他民主國家之實行自由主義者。（例如瑞士及加拿大等國）。第二次大戰後，世界主要資本輸出國有三，爲美國、瑞士、及加拿大。三者均爲民主的資本制度國家，而實行社會主義諸國，均不克輸出資本。其人民生活程度，更遠遜於美瑞加三國之人民，可供吾人深切之思量也。

關於批評計劃經濟之文獻，下列數種書籍，似可注意。如吾人認爲中國將來祇有社會主義之路可走，則對此數書尤應加以研究：

HAYEK, INDIVIDUALISM AND ECONOMIC ORDER

HAYEK, ROAD TO SERFDOM
JEWKES, ORDEAL BY PLANNING
WRIGHT, DEMOCRACY AND PROGRESS
WRIGHT, THE ECONOMICS OF DISTURBANCE

中國目前最重要問題，爲如何於較短時間內，促成大量之資本形成，以增進生產而使人民享受經濟幸福。我國國民所得水準極低，人民生活程度無可再減。開發資源創辦實業，有賴於國際資本之援助，至爲明顯。但爲吸收外資與華僑投資計，經濟政策既須與世界環境配合，更須造成有利於私人投入資本之條件，然後可望大量外資之源源輸入。社會主義計劃經濟與利用外資扞格不合，其例至夥。如歐洲復興計劃商訂期間，美方持反對論者最有力之理由，謂英法等國試驗社會主義，美國不應支援。政府間財政協助尚如此，私人資本趨避計劃管制國家，更不必論矣。近年美國輿論對中國不利，一部分係受美工商界影響。美國商人因我國國營事業日增，令其失去活動餘地，故嘖有煩言。惟並世各國僅美國有輸出資本餘力，加拿大、瑞士等差可從旁贊助。其他社會主義國家，均需自國外輸入資本。美國國際經濟政策，以降低經濟壁壘，回復自由經濟爲標的。中國如望利用美國資本，必須與該國政策及其私人資本傳統相配合。否則徒託空言耳。

目前中國首需創造資本，提高國民所得。至國民所得之重分配，雖屬重要但暫可留爲後圖。

因任何國家或社會，在資本蓄積時期，每個人所攤成分不必絕對相等。問題關鍵在於全部資本，應以加速度而增進。至於其中若干部分屬於政府，若干部分屬於人民，又人民中之資本若何分配，但使每個人均有工可做，且享受一種『人的生活』，正不妨徐爲商量也。

此外尚有一基本問題，而爲朝野所忽視者，卽人口增殖與土地冲刷之鉗形發展，其爲害之烈，或不但抵銷經建之成果，且足以加深未來之經濟困難。當馬爾薩斯 MALTHUS 於一七九八年發表其人口論時，其影響僅及於一部份經濟學家，且不久卽被摒棄不論。但時至今日人口問題之嚴重性，已非僅係正統經濟學者之杞憂，而成爲自然科學家之難題。上週國際糧食與農業組織幹事長多特氏 DODD，在聯合國大會講演，謂世界人口增加，爲人類當前最嚴重問題。DODD 君與甚多之現代農業科學家，均認爲不但糧食增產不及人口增殖，而土壤冲刷更加深糧產之困難。過去社會學者尚以爲戰爭係解決人口壓力之一法，但自然科學家指出（除原子戰外）現代戰爭已不再能解決此一問題，因戰爭對自然資源之搾取，遠甚於對人口之毀滅故也。美洲開發最後，土地肥沃爲世界冠。然美農部估計三億九千萬英畝已耕地中，有五千萬英畝已被冲刷爲不毛之地。五千萬英畝損傷達嚴重階段，一億英畝地力損失在百分之五十以上。戰時糧價高昂，農民貪圖近利，復儘量使用地力。識者認爲美國過去數年風調雨順，復儘利用肥料與水利，故困難不顯著。迨來日氣候條件轉惡時，土地冲刷之結果行將充分暴露。屆時美國農產品不但將無餘力供給世界各國之需，卽應付其日益增加之人口，殆亦成爲問題。以美國之富庶，科學之發達，教育之普及，民智之開通，人口土地發展失調問題，尙不免日益嚴重化，爲科學家注意之標的。我國人口衆多，生活程度之低，世無其匹。土地之冲刷消耗，雖無統計，然其嚴重情形，西北來者類能道之。他日經濟建設卽有成效，而人口不知限制，土地不知改良，則人民生活程度將無改善可能，且有惡化之虞也。最近美國暢銷書籍中有 VOGT著ROAD TO SURVIVAL 與 OSBORN著OUR PLUNDERED PLANET 兩書，卽討論此類問題，可見一般讀者，已逐漸了解此事態而不限於科學論壇矣。二次世界大戰以來，社會主義與共產主義席捲歐陸，侈談計劃管制，以未來極樂世界爲芻狗百姓之藉口。其實從古迄今，聖賢哲人擧皆殫精竭慮，爲人類謀解決，終無萬應良方。我國今日人民較諸往昔，質猶相似，而量則數倍。僅恃制度上之變更，殊未見能起衰振敝也。我

兄考察各國，自歐陸始，收穫所得，關係國家民族前途。故不憚煩喋，敬謹臚陳另一方面之見解。蒭蕘一得，盼爲

斧正是幸。手此耑頌

旅祺，伏維

珍攝

弟顧翊羣再拜上

三十七年十月一日於華府

論經濟理論與當前世局——致周德偉先生函

德偉仁兄道鑒：數月前在大陸雜誌獲讀大作「理解人文現象的方法與唯物史觀」，深爲欽佩，祇以俗冗紛雜，未遑修簡致候，近由劉季陶兄轉下專册，得以重行體味，更覺我兄之思想體系，博大宏通，與時下一般逈不相同，弟於民五至民八在北大預科肄業時，偶於新青年什誌，獲睹李守常氏所介紹之馬克斯理論，頗震驚於其內容之新穎，其後來美留學，對經濟學加以專攻，乃深覺馬克斯學說之武斷與不經。民十三年自美返國後，受費許氏 IRVING FISHER 及凱恩斯氏 KEYNES 著作之影響，喜研究貨幣學，一九二九年世界經濟恐慌之後，曾在報章什誌，暨上海銀行公會討論會席上，與章乃器谷春帆輩，大事辯論，章谷二君均爲有聰明而無基本實學者，章君大事鼓吹蘇聯之五年計劃，並謂世界經濟恐慌爲馬氏預言之實現，浮囂青年等相率追隨，弟則謂計劃經濟必須依賴獨裁政體，而民主社會在發展過程中，祇能將經濟變動之程度減輕，不能完全避免，谷君於一九三〇年發表「銀之發炎」一書，謂白銀隨基本原料產品在世界市場跌價，將導至中國於大不幸，弟則謂此種不幸，較諸以人爲方法抬高銀價，所引致予中國之災難，實遠爲輕微。其後事實演化果如弟言，谷君轉而研究數學及統計方法，以應用於經濟分析，但其基本出發點，仍不外於錯誤之社會主義思想，渠曾告弟謂渠之世界大同理想，爲「各盡所能各取所需」，弟當即告伊，謂此爲自古迄今哲人之共同空想，業經人類歷史證明其爲不可能，如此種理想可能實現時，則整個理論經濟學便須放棄，自今日觀之，章谷二君之理論出發點既偏，從共自所當然。其後民國廿三年弟奉派赴歐美考察，獲晤 KEYNES, ROBBINS, HAYEK, 及 GREGORY 等學者，以及 MONTAGU-NORMAN, SCHACHT 等銀行家，復閱讀米塞斯 MISES 及海約克 HAYEK 暨卜儒資克斯 BRUTZKUS 等氏作品，當時一方面因世界經濟大恐慌後，隨之而來者，爲我國之白銀漲値，致通貨緊縮，所引起之種種困難，覺 KEYNES 之管理通貨論，爲應時良策，另一方面，從米氏海氏等之理論分析，對蘇聯式之統制經濟計劃經濟，更深切認識其爲魔障，足以引致人類入於奴隸社會，因之對凱恩斯氏 KEYNES 以政府增加支出爲維持有效需求之手段之主張，不免懷疑。一九三六年政府派弟赴美接洽售賣白銀後，奉命主持廣東省銀行，運用平衡省財政收支暨維持對外有效滙率之簡單方法，使廣東紙幣恢復信用，而大批毫銀遂自民間流入省行，僑滙亦形暢通，因之益深信安定貨幣爲一切經濟措施之前提。一九四四年弟在布列敦森林國際貨幣會議席上與凱氏重行晤面時，對其主張已開始懷疑。因弟認其理論爲英國當時政策張目，千變萬化，不外乎套取他國之經濟力量，尤其套取美國之經濟力量，以圖英國經濟之早日恢復；爲英國計謀則善，爲世界計似未盡得策。一九四六年弟來美後，服務於國際貨幣基金，瞬將六載，對國際經濟之演變，較前認識爲深刻，更感凱氏理論之應用，在時空兩方面均有限制，而基金中人，頗多爲凱氏之流派，奧國派之純正學者則僅有數人。

米氏之「HUMAN ACTION 人之行動」一書，博大精深，爲我兄思想所由來，蓋緣其哲理之依據正確，故說理融會貫通，有左右逢源之樂。日昨中國大使館介紹克爾虛革爾教授 PROF. KERSCHAGL 來談，接見之後深爲恨晚。蓋伊係馬夏爾 ALFRED MARSHALL 及維克賽爾 WICKSELL 等之及門弟子，現任維也納大學之 BÖHM. BAWERK 朋氏經濟學及財政學講座。渠之目的在向弟詢問目前國民政府及大陸共黨治下之經濟狀況，弟僅略舉所知以對。而弟則與伊縱談凱氏學派及奧國學派之異同，（亦卽 MACROECONOMIC 方法以及 MICROECONOMIC 方法之不同，又則「量之研究」之有限度與「質之研究」之優點）。渠告弟謂其先師馬夏爾氏曾告伊，謂凱氏有二大缺點，第一，伊企圖將「變動之經濟」與「安定」同時達到，此舉殊不可能實現；第二，伊爲一天才演說家，此特長亦卽其缺點，（鄙見以爲此卽凱氏一生思想多變所由來），在弟遇克教授之前一週，弟曾與一人道及，謂凱氏將來在學術界之地位，與克納普氏 KNAPP（STATE THEORY OF MONEY 之倡導者）應相去不遠，此教授亦提及伊二人在經濟學上之地位，謂爲相同。易言之，卽伊等著作中，談政策者居十之八，而談理論者僅居十之二也。弟恒謂自蘇聯獨裁政權，憑借目前世界人口增加甚速所引起之困難，而膨脹勢力之後，歐洲及英帝國遂註定衰微。有志之學者如凱氏之類，不甘其國家束手待消沉，於是發爲種種主張。其表面則新穎可喜，其實際則裨益綦微。而因其對自由社會之思想，有所搖動，不啻間接予國際共產主義以助力。現代西方政治文化學者，不從根本上予社會主義思想以打擊，而祇從補偏救弊下手，以致局勢日非，深可嘅嘆。近見胡秋原先生在大陸雜誌批評湯恩比氏 TOYNBEE 之歷史研究，眞一針見血之論。我國人如

兄如秋原先生等，應多來國外作學術講演，庶使歐美人不敢謂秦無人，此較十萬大兵尤爲重要也。執事其他新著脫梓後亟盼惠寄，俾克先睹。手此敬上，順頌

研安。

弟顧翊群頓首四十一年

三月廿日華府

簡論當代經濟思想之趨勢

近年以來，美國經濟學者對凱恩斯學派之批評聲浪逐漸上騰，與二次大戰前之教條式地承受凱氏思想者，已迥然不同。凱氏之「就業利息與貨幣通論」名著，乃三十年代英國經濟不景氣時所採用政策之理論的依據。其前提爲：實行全面就業政策之國家應爲一閉鎖經濟而非開放經濟，否則對外收支必形不利。但迨及一九四四年布萊敦森林國際貨幣會議召開時，凱氏主張已重行注重一種以大國爲主幹之世界性經濟，故其理論祇能應用於實力充足如美國者，方不致引起嚴重禍端。然本世紀之美國與十九世紀之英國相同，乃其他各國貨幣準備金之保管者，其本質原應爲一開放的社會經濟，故亦不克能長期實行新凱派學者之主張，而不引起嚴重之後果。

在凱氏學派理論之基礎方面，消費與所得之關係，是否趨向穩定(stable)之一問題，卽曾引起不少爭辯。而專門研究消費問題之經濟學者等，則均認爲消費係被甚多因素所支配，故吾人事實上能否覓得一種綜合性的「消費傾向」，頗難確定。但凱氏學派所最受批評部份，厥爲其有關經濟政策方面之主張。此學派以全面就業爲國民經濟之最高目的，不惜鼓吹政府之赤字財政，而以租稅爲重行分配國民所得之手段，乃至推行壓低市場利息等種種見解，近年來已受到各方面之批評。二次大戰後，美國新凱派經濟學者運用其機械式的推理，倡言短期後全國失業者行將增加至八百萬人之巨，因而促成「全面就業法案」之通過，與政府經常維持低利之公債市場，並使總統之經濟顧問團爲凱氏學派思想所支配。其結果厥爲：通貨膨脹，物價增高，以及租稅形成私營企業發展之障礙，而低利市場亦轉變爲協助效率低微企業之手段。年來此種政策引起之反感已逐漸普及於學術界。一九五一年以降，美國經濟學者對貨幣政策與通貨膨脹之討論，頗多脫離凱派成見，並批評政府低利措施，而主張以積極性的金融政策爲控制通貨膨脹之手段。最近艾森豪總統所委任之經濟顧問彭恩氏 A. F. Burns 在國會陳述時，曾批評凱派思想，認爲政府不應且不宜維持高度就業，並謂運用租稅作爲重行分配所得之工具亦非允當。參議院旋卽無異議的認可彭氏之新任務。近年美國經濟思想之轉變，於玆可見一班。

去歲英國羅賓斯氏 Lionel Robbins 曾著有經濟政策理論一書，爲正統學派辯護，謂亞當斯密氏與邊沁氏等自由經濟學者之主張，並非如批評家德拉非艾 Mercier de La Riviere 等人之所指責，謂國家係完全消極被動者，故凱氏在「自由放任時代之終了」書中所發揮對正統派之批評，殊屬未盡允當，而係以偏蓋全。正統派並不完全承認自然權利派 Naturrecht 之說法，謂政府經過詳盡之商討研究後，對人民可以自由處理之企業活動，應予以放任。正統派之經濟自由主張，係建立於一種基礎，卽自由經濟制度 the system of Economic Freedom 之上，而並非毫無依據的。凡欲企求經濟行爲之和諧 (harmony) 者，必先樹立能獲致和諧之法則與條件，例如健全之貨幣制度，銀行，保險公司，交易所與法院等等。在此健全條件之下，政府之作爲實非消極性的，而係積極的建立與推行法制。正統派所堅持者，僅爲政府不應直接從事決定實際經濟計劃而已。

凱氏派經濟思想所肇致結果之一，爲數理經濟學派之抬頭。凱氏理論採用綜合的分析方法 (aggregate analysis)，研究經濟互變因素之功能上相互關係 (functional relationship of economic variables) 其精神、方法、體系、處處均與數理相關聯。雖凱氏本人曾經否認其屬於數理學派，且曾一度批評丁柏根氏 Tinbergen 之經濟統計，但因其學說與數理原則吻合，故凱派鉅子幾無一人不用數字爲其分析之工具。事實上數學原係人類最精密的語言之一種。普通語言雖或能同時兼顧到兩種經濟因素之變動，但四五種以及更多的經濟因素之變動以及其中相互之關係，則除非應用數學方法便無法分析。然數理分析雖較優於一般分析，但經濟推理 (economic reasonig) 終究仍係一切分析方法之基礎。發現與研究人類的經濟行爲與法則，仍不能不依賴經濟推理，數學僅爲方法之一種，便於經濟學者將前提假定後再加以發揮而已。

數理學派之最大困難，厥爲無法在事實上應用統計證明其分析較諸其他學派者更爲正確與更與合乎實用。數理學派善於建立經濟模式 economic model，且有時一個模式之中包含數十個方程式，故自較一般分析更爲精密動人。但此派中人如不滿意於抽象的符號，而進一步的作「假定之經驗求證 empirical testing of hypothesis」時，其困難卽大爲增加。根本上，各種綜合的經濟因素 (economic aggregates) 例如所得，消費，投資等，是否確能表示一種純粹的經濟行爲，卽大可引致疑問。同一經濟因素在不同時期或不同區域中，其內容亦大有分別。忽視此等基礎條件，而卽逕行樹立經濟模式 economic model，結果自難期望完美。從實用觀點而言，强行使用百孔千瘡之統計結果以作爲決定政策之根據，其危險性當不較單純之經濟分析爲輕。數理經濟 Econometrics 卽在英美等國家，與實用之階段仍尚有相當距離，而通常之一般的經濟分析，仍恒被採用爲決策之工具也。

近年在數理學派之後，又有所謂競技理論 Theory of games 學派，後者係運用數理及邏輯於經濟理論，因而遂自成爲一家言者。該派領袖係數學家紐曼教授 Prof Von Newmann 與經濟學家毛根斯坦 Prof Morgenstern。此二人均在普林斯頓大學任教。最近美國政府任命賈克森氏

Jackson 爲心理戰術局長，其人曾任幸福雜誌主編。該刊物曾收羅競技理論學派之青年學者數人，發表論文多篇，將此種理論應用於戰略、戰術、政略以及經濟戰爭之策略等諸方面，例如海底潛艇如何可與空中飛機戰鬪；魏蜀吳三國如何相攻相守而仍可以並存；市場上如有多數競爭者，以及少數競爭者，應如何厘定生產及價格政策，以求獲得優勢。現時美國海陸空軍研究所等業已逐漸禮羅此等人物，使用電子計算器等以求解決前此積年累月所未能解決之複雜問題。最近美國政府標準局在華府約集此道中人每週開會講演時，著者之子以傑曾前往參加。據渠所告，謂毛氏曾言數理經濟派較正統派爲「較動態的 more dynamic」，但競技理論派較數理派則更遠爲活躍。數理派對任何一種經濟形態，所假定之若干不定之因素（以求變化後之新形態），固遠較正統派者爲少。然競技理論派所克能假定不定之因素，則又遠較數理派者爲少云。此派方在新興未久，實用價值與收到成果若何，殊難預卜。但由理論而轉入實際覔驗 empirical test 時，若干數理學派所不能解決之統計上困難，（舉例：如何控制資料之一致性，如何消除時間數列之影響，如何求解決偶然因素 random factors 等），或亦仍爲此派前途之重大障礙也。

著者居恆常引用淮南子中「一葉知秋」之語，以解釋老子「知幾其微」之理。人類經濟行爲，不僅祇受經濟因素所支配，此外如文化背景，政治設施尤其大衆意理等亦均對之發生作用。數理派與競技理論派分析方法縱係高深與精微複雜，但能否正確地反映實際經濟行爲，仍難以斷定。著者認爲玆世上最有效之經濟政策，恐仍跳不出正統派所主張者，卽儘量樹立健全之法令制度與維持安定之貨幣，而任令社會經濟自由活動，以決定生產交換分配之消費等行爲爲愈也。

四十三年五月一日

論匈國事變後世界情況及未來趨勢

自由世界與共產集團之角力，在一年前匈牙利內部發生變動時，曾達到緊張階段。克魯赫夫及布加寧在匈國事變初起時，因蘇聯駐匈軍隊拒絕向匈民衆使用武力鎭壓，曾下令撤回其部隊，並向全世界公布撤兵消息。此命令係直接向蘇聯駐匈部隊總部頒發，並未經過國防部。部長朱可夫事後獲知，卽向克布兩酋嚴重抗議。克酋被迫召集主席團緊急會議，改自西伯利亞調兵至匈京鎭壓。當時如美國克能不僅在聯合國提出抗議，且甚至根據聯合國多數會員國公論，逕行派兵至奧匈邊界，並予匈牙利部隊以充分接濟，則局勢演變必對蘇不利。蓋匈國局面延長相當時日後，東德、波蘭甚至蘇聯本國均將發生民衆暴動，若干政權勢將改組，而脫離蘇聯掌握，以便向西方國家商請經濟援助也。匈牙利事件使自由世界——特別是美國——之聲望下降。蘇聯在過去一年內逐步採取積極行動，以大批軍火武器運交敍利亞、埃及與葉門，同時企圖將南斯拉夫收回掌握。在最近三個月內，蘇聯先後施放越洲彈導火箭及輕氣箭頭彈暨人造衞星，使全世界震驚。美國向來政策爲以優勢空軍及原子武器包圍蘇聯，俾冷戰或武裝和平得以繼續。蘇聯之第二人造衞星施放後，美國之政策卽已破產，因種種事實證明蘇聯之科學與技術——至少在長程火箭與衞星方面——已超過美國二年至五年之久。（據布朗 VON BRAUN博士——曾協助德國製造V_1與V_2火箭——聲稱最少爲五年）。美國朝野雖大聲疾呼，而艾森豪總統亦於本月七日卽蘇聯革命四十週年晚間，向全國廣播聲稱此後將全力推進火箭之製造及科學之發展，以及與大西洋同盟國家組織科學集團，分工合作，但內容仍嫌空洞。此後美國是否能在武力方面趕上蘇聯，恢復優勢，雖樂觀者尚不敢予以肯定之論斷。

蘇聯方面近數日來已發動攻勢，威脅利誘無所不用其極。克魯之講演主題爲召開巨頭會議，其目的一爲使中共獲得國際地位，二爲爭取新的中立國，三爲限制美國之武器發展。如以上三點實現後，則祇須英美兩國政權經過選擧，轉入親共者掌握後，蘇聯統一世界之企圖卽大致告成，自不須依賴實際原子戰爭方可達到目的矣。

目前在美國國內已由「原子科學家協會」秘書長 RABINOWICH 氏及（親俄派）工業巨子 CYRUS EATON 發起，召集各國科學家（蘇聯及中共者在內），擧行商討和平會議。根據既往經驗，其他方面，如教育界、宗教界、藝術界、工商界之同道中人，不久即將齊聲附和，爲虎作倀。但美國當局態度尙屬鎭定，在相當期間內不致動搖。明年末選擧之後，情形如何，此時尙難斷定。

在國際方面，蘇聯不久可能發動以下步驟：㈠隔斷柏林與西德之交通。㈡俟法國政權轉入右派掌握，而美國無力貸款協助其財政時，誘其退出大西洋同盟，轉爲中立。㈢發動約旦及沙地亞拉伯以及黎巴嫩等國政變。（約旦國王目前完全依賴美國財政協助，但據報將來該國或可轉爲共產）。㈣加速向非洲滲透。㈤發動拉丁美洲各國之政變及罷工。

中共在國際之活動此後亦必加强，尤其毛澤東訪蘇後，如不能得到相當收穫，則顏面攸關，自不肯輕易放過，故其對自由中國及日本暨東南亞之威脅利誘，當在意中。基於以上所論，自由世界前途似乎黯淡，共產統一世界之希望提高，但實際情形並不須如此。如美國政策祇求恢復武器優勢，及繼續長期冷戰，則共區人民知解放無期，而灰心失望，共產政權自可持續或擴展。如美國政策爲協助共區被壓迫人民求得解放，並不畏懼戰爭之來臨，則共產國家科學武器卽使佔優勢，但在短期內，其政權仍將崩潰。

蘇聯及中共之國內情形已到山窮水盡地步，中國大陸之水旱災以及共黨暴政，使人民之反抗逐漸加强。所謂「百家爭鳴，百花齊放」運動，係毛澤東於匈國事變後之自作聰明的措施，但其結果爲反共之洪潮泛濫於全國，迫使劉少奇等以共黨名義出面鎭壓，然殺人仍較以前爲少，因共黨已知殺人之無效矣。在蘇聯方面，據一項報告其情形較中共尙爲惡劣。蓋中共政權成立不到十年，毛周劉等之偶像權威猶在。大陸青年雖反共，然組織散漫，力量尙難團結。在蘇聯方面則據報，上自中委陸海空軍特務人員，下至普通民衆，均已認爲共產制度必須變更，尤以共黨四十年來所訓練之幹部及青年，對此主張最爲堅持。今日蘇聯黨政軍學各界中有甚多不貪權好利，而追求眞理，虔奉宗敎之人，願捨身反共，正在等候機會。故其全國類似一火藥庫，僅待導火線燃着後卽可爆發。自由世界之情形固紛歧散漫，政策亦不堅定，而時有錯誤。但以內部情形而論，共產方面則更爲惡化。共酋等當然可發動原子戰爭，以圖最後掙扎，但原子戰爭未必能於短期間將美國戰敗，同時適予其反共民衆以揭竿而起之機會，故共酋等尙在遲疑，而以在自由世界發動和平攻勢爲其主要手段。

目前美蘇兩國在各部門間彼此互有優劣，下表可供參攷：

項目	優勢國	附註
一、科學敎育及基本研究	蘇聯	自一九五〇年起蘇聯之科學及工程畢業學生逐漸超過美國。又科學家之地位報酬，在蘇聯者較在美者爲高。
二、武器之製造與冷戰	蘇聯	美國除中程轟炸機外，均在蘇聯之後，冷戰戰略正在改造中。

戰略

三、經濟　美國　蘇聯一年來先後宣佈㈠國債延期還本付息，㈡工業管理改爲地方分權制，㈢第六屆五年計劃縮小範圍，可見經濟之惡化。美國雖先有通貨膨脹，繼有銀根緊縮，財政籌款困難等現象，但大體上仍較爲健全。

四、政治　美國　蘇聯內部鬥爭日烈，據報克魯赫夫再過數月即將失勢。

五、人民對政府之擁護　美國　蘇聯方面除少數共黨領袖人物外，幾全數反共，尤以新興之幹部人員，科學技術及管理人員爲然。美國仍有親共分子目前大事活動。要求召開巨頭會議。共和黨政府正在商請民主黨重要人士參與決策之討論。

六、社會道德　美國　美國自小石鎮黑白同學事件發生後，南方白人政客之僞善者頗遭輿論指責，蘇聯人造衞星昇空後，美民衆頗受刺激，現在較前態度改變，願出力出錢，挽回頹勢。

七、國際外交與陰謀　蘇聯　在歐亞非中東各國，美國之聲望均下降，此種趨勢一二年內難以挽回。蘇聯現在對美國之最忠實同盟友國，如自由中國、土爾其、南韓、西德等正展開冷戰攻勢，此後兩年中，此等國家將遭受甚大壓力。

上表所列雖挂漏甚多，然已可見雙方優劣所在。大體言之，蘇聯之優點在武力與國際外交及陰謀，缺點在民衆反對共黨政權。美國之優點在經濟與政治之安定，缺點在國際外交上，不能分別敵我，以致浪費力量。美國此後如再不改變方針，從協助鐵幕後反共民衆恢復自由下手，而仍與蘇聯及其他共產政權委蛇，希望雙方互讓，達到裁兵協定目的，則中共加入聯合國後，世界大局可能加速惡化，使蘇聯在若干年內統一全球。

在此鬬爭過程當中，我自由中國之興敗爲一重大關鍵。我國如採取主動與積極政策，可以影響美國，並打擊蘇聯與中共政權。我國如追隨美國，一切聽命，最後可能第二次再遭出賣，使全世界人類喪失自由。

本文不討論過去政府在大陸及臺灣之政策及種種措施。大體說來，政府在大陸之反共政策正確，而防止通貨膨脹之措施則失敗，在臺灣則政府之種種措施均較在大陸者爲佳，加以美國軍援經援，故有優良之成績表現，然當此美蘇鬬爭情勢有重大轉變之際，政府之基本政策在軍事政治經濟方面似應有相當之改變，方足以扭轉局面，而終達到恢復大陸，建設三民主義國家之目的。

第一：目前火箭及原子武器爲主要戰鬬工具，美蘇兩國非至最後關頭不輕易發動戰爭，在美國方面，爲爭取蘇聯及中國大陸人心起見，尤不易首先發難，致失去反共人民之信心。我自由中國之最重要任務，爲與大陸反共志士密切聯絡，告以國際民心——非各國政客之主張——已一致反共，而勸其暫時耐心等候。

第二：我政府應要求美國協助，予我國部隊，以防衛原子戰之訓練及裝備，同時縮減部隊人數，增加設備。如有節餘經費，則移充訓練及安置退役官兵，及提高公務員待遇之用。

第三：應邀約反對蘇共中共之國際暨我國人士，個別或開會討論顛覆共黨政權之有效方案，在鐵幕內外予以實行，並發動我國學者專家愛國人士參加。舉例而言：㈠我國可資助蘇聯重要共黨分子現在流亡各國而尚不肯賣身之若干人士之反共活動費用。㈡我國可與英美反共中堅人物接洽，動以大義，使其在英及在美鼓吹協助蘇聯反共分子之地下工作。

第四：我國現在工資上漲，已超過生產之增加，故潛伏之通貨膨脹可能重行抬頭，此可於民衆儲蓄及黑市利息兩方面窺見一班。一切公營事業不應再行擴充，而應在改良設備及訓練人員方面努力。並鼓勵民營企業之進展，至工資方面，如部隊縮編後，工人求職增加，或可不再上升。

第五：我政府應與美政府切實交涉，希望軍援經援不僅不減，且應增加，並告以我國在軍事、經濟、財政、外滙方面之新政策，如能貫澈後，對美援需要可大事減少。

第六：我國與美國達到協議後，財政收支可望平衡，屆時應安定幣制，重定滙率，解除貿易、滙兌、及生產上之束縛，以吸引華僑及外人投資。

第七：政府應發動輿論，獎勵批評，登用賢能，而更換阿諛取容，工作不力之人員，最要點爲崇眞去僞，轉移風氣。

第八：我國應商請美國暨其他各國朝野人士，聯合發表宣言；㈠永不與奴役人類之政權並存，而以全力協助其民衆，用各種方法，求暴力政權之崩潰。㈡俟共產政權崩潰後，將聯合國改組爲世界聯邦，以經濟先進國裁兵減稅節餘之資源，協助經濟落後國之經濟建設。

綜上所述，要在㈠求自由中國本身之健全，俾可進戰退守，處於不敗；㈡協助蘇聯志士及大陸人民顚覆共黨政權；㈢予中國及全世界人民以將來之希望，俾其不爲現實武力所屈服，而對暴政低頭。世界之前途，固不能由我政府人民之努力而爲肯定之決斷，但我國之努力，尤其　蔣總統之號召，爲世界局勢改變之一重大關鍵，斯則本文作者所深信不疑者也。

後註：本文係著者於一九五八年十一月中應華府我國大使舘某公之商請而提供其參考之一節略，原係秘密文件，未對外公開。茲者時逾一紀，此文已屬明日黃花，但所論諸點，如蘇俄長期統一世界之戰略，美國採用妥協政策之危險性，以及自由中國所應採取之政策等等，尚屬不無價值，爰將之編入本書，以供當代治學者之參考。

翊群識六十一年元月五日

評介程天放氏著之「美國論」

美國是當前世界上最富强的國家。過去有許多學者對於該國在人類歷史上的貢獻，與其本身應行改進之點，曾撰著甚多書籍。然就大體而論，其本國人所寫的書籍與論文，除若干績學之士以外，多不免流於過份的樂觀與誇大。這是因爲該國地大物博，得天獨厚，加以從世界各地移來有宗教信仰以及民主傳統的人民將新大陸開發建設，而獲得有偉大之成就。該國人民之坦白樂觀與待人誠懇，已經成爲習慣，因之其作品亦不免流露過分的樂觀態度。

自從一八三一年法國學者託克非勒訪問美國，寫了「民主在美國」一書之後，外國學者關於美國之著作甚多。內中尤以英人勃萊士之「美國民主政治」，與勃羅根之「美國民族性」，以及法人西格弗利特之「美國的成年」，與「在廿世紀中葉之美國」數書，最爲膾炙人口，議論允當。我國學者如梁任公先生等，關於新大陸雖亦曾有論著，然而有系統的，包含各方面的，關於美國之專書，則以程天放先生之新著「美國論」爲第一本傑作。此書與託氏、勃氏、西氏等著述相比，了無遜色，而與許多美國人對本題之作品相衡量，則較爲客觀與持平。本文作者於讀完程先生大著之餘，亟願向我國各方讀者推薦此本好書。

程先生爲我國著名學者，歷任大學教授、校長、大使、與部長等職，現任考試院副院長。程氏受過中國儒家教育，又曾留美多年，其後復擔任我國外交代表，並出席國際文教機關會議，以及參加道德重整大會等等，對於東西文化，均有深刻的研究。故此書的議論，自然中肯。

綜計程氏此書共有十八章，五百十餘頁，對美國之歷史、政治、教育、外交政策、種族問題等等方面，均有詳盡的討論。

就中尤以第四第五兩章討論「反共與反戰」，第十一章討論勞工，第十二章討論教育，第十五章討論嚴重的罪浪，第十六章討論種族問題等等，特別具有權威性。不僅我國讀者應詳細閱讀，即美國通曉中文的學者，讀後當亦爲之首肯。此書文字流暢，深入淺出，既叙述各種歷史事實與有啓發性的故事，亦載有最近統計之資料，故能把握讀者之興趣，使其不能釋手。總之，在今日美國動向關係人類前途之關頭，程氏此書可增進吾人對美國之了解，間接亦促進吾人對美國之友誼。

程氏在本書序言中末段有云：『世界上有些人認爲美國是人間的天堂，一切均善，一切均美……另外有些人——主要的是共產黨徒和同路人——則認爲美國是資本主義吃人的地獄，……非打倒不可。我在這本書裏所描寫的美國，則既不是天堂，更不是地獄，而是一個地大物博，加上人民的努力，所造成的一個富裕强盛的國家。它有許多優點，值得別的國家效法；可是它也有不少缺點，需要改進。我對於美國的優點，充分的介紹給中國人，自信沒有溢美；對於它的缺點，也毫不掩飾的叙述，以保存這本書的客觀性。至於知我罪我，那就聽憑讀者和美國朋友了。』

本書評者對此書前十七章的議論，大體上都頗能贊同。然書中第八十頁第九十九頁與第一百頁關於馬歇爾將軍在珍珠港事件發生時，以及其使華調解國共爭執的經過，程先生因站在美國友人與中國政府官員立場，所叙述的不免含蓄。但凡讀過美國國會關於此兩事件之各種詳盡報告，以及無數公正學者如巴恩斯、張柏林、弗林等人的著述者，均知馬歇爾氏在前一事件發生時有難言之隱，並在後一事件過程中懷有成見，與遭受共黨欺騙，以致中國大陸淪陷，而共產勢力加强。美國之同路人學者，每隔數年必寫一書爲馬氏辯護，但馬氏晚歲拒絕寫回憶錄與自傳，其至死良心不安之心理，是人人皆知，並寄予以深切的同情的。我個人認爲百年後的史家，將中日美英各種公私史料詳細研究後，會得認馬氏對美國與人類之貢獻，是功不掩過的。

本文作者對程著之第十八章「美國文明之評價」一章，認爲有可以商榷之處。程先生在本章最後一段，對美國人誠懇忠告：『盼望美國人要提高警覺，不要因厭惡戰爭而疏忽了國防，不要為愛好和平而願付任何代價，不但在軍事經濟方面要保持強大的力量，不但在科學工業方面要保持領先的地位，並且在倫理、道德、學術、思想、意識形態各方面，也要加強努力，保持活力和朝氣，不腐化，不墮落，然後才能在這個空前的鬥爭中贏得勝利。』這是任何中國讀者對美國具有友誼者所衷心贊成的。但是，今天美國與自由世界所遭遇的敵人，是國際共產主義，而後者是西方科學技術文明本身的產物，是三百餘年來經驗主義自然主義實驗主義功利主義倫理相對主義所倡導的世界觀人生觀的結果。一百餘年前，託克非勒氏便對美國民主之將來抱有杞憂。近數十年來，歐洲學者如奧太格、儒伯克、海約克、馬理唐、許華州、伏格林等等，以及美國學者如白璧德、克理區，索羅金、粵佛、寇克等等，均對西方文明的缺點，二十世紀的危機，有極深刻的分析與說明。當前人類的問題，不是「進步的人生觀」(卽科學的人生觀)，或生活程度之不斷提高，或全世界普遍裁兵所能解決。今天人類(包括自由世界與共產國家在內)的危機，是三百餘年來西方的重物輕人、重利輕義、重物質不重精神的生活思想所引導而來。目前局面，正在加速度的惡化。我們祇要看一看程先生大著脫稿以後六個月來，世界上發生的種種事件，便可明瞭。

因之，本文著者對有了物質文明的國家必然同時有精神文明的說法，不敢苟同。

最後，本文著者願引用西德學者儒伯克氏新著「人道的經濟」書中一段警語大意，作為本文之結束：「共產主義毒性之來源，由於整個西方社會的危機，後者現已傳染於世界其他各地各人類。此種社會的精神的與道德的基礎之解體，使此種人（特別是知識份子）自其家庭、傳統、與宗教分離，而爲無根之飄蕩。最初在中國大陸，現在則波及回教世界，與印度及日本，此爲共產勢力加强之主因！」（四十九年七月美國國慶日脫稿）

紐約華美日報

從甘迺廸登臺展望世局

美國新當選總統甘迺廸氏本月二十日履新就職，入主白宮。甘氏屬天主教徒，出身富貴家庭，並卒業於美國第一學府哈佛大學。甘氏著作中第一本論英國在二次大戰前之因循債事，第二本則贊揚美國過去參議院中有道德勇氣之政治家，均曾傳誦一時。伊本人於二次大戰時爲海軍突擊艇艇長，所乘艦被擊沉後，曾奮不顧身救助他人甚膺群譽，美政府以其戰績昭著，曾頒給三種勳章，就中最顯著者爲「赤心章」(Purple Heart)。戰後甘氏迭次當選衆議員，代表麻省，先後計十四年。其夫人溫文嫻雅，畢業於女子大學，通曉多國文字，兼爲藝術欣賞者。自開國以來之白宮主人，以甘氏伉儷年事爲最輕。中國詩人所謂「天上神仙侶，人間宰相家」者，惟甘氏當之，了無愧色。

西方自文藝復興宗教改革之後，科學技術崛起。工商業與航海探險等活動分途並進。白種人成爲天之驕子，既征服自然，更欺凌異族。十九世紀末年，樂觀論者謂人類循此科學技術途徑，走向民主政治，自可不斷進步而終躋於大同。但二十世紀全球大戰兩次，小戰十餘次，屠殺慘酷，超越往代，加以人口爲爆炸式之上升，財富生產與分配不均，種族、階級、男女、長幼之間，時生歧見，宗教界哲學家人文學者之有遠見者，遂僉認西方文明有病態而需要改造，共產政權於首次大戰後在俄國成立，第二次大戰後則席捲中國大陸與東歐各國。美國在過去十餘年中，雖力圖制止蘇共與中共勢力之膨脹，但事與願違，情勢日非，甘氏登臺時，美國正值國內經濟衰退，對外收支不敷，黃金繼續流出。以及在亞洲歐美各地受共黨之壓迫威脅，其情勢之嚴重，匪僅爲美國立國以來所未有，亦爲人類歷史上所罕見。故甘氏之當前任務，實甚爲艱巨。

甘氏視事後之兩大問題，以經濟問題爲較易處理，而制止共黨問題則遠爲棘手。前者在財政金融兩方面，人才與機構既甚完整，復得其他工業國與國際機關之合作，故甘氏苟能決定採用健全政策，不接受凱因斯派學者之建議，不從事膨脹通貨，並切實商得國內企業家與勞工領袖之合作，勿使物價與工資爲螺旋式之上升，則經濟景氣應可恢復，黃金流出應可停止，世界經濟間接亦獲其益。

然就世界經濟長期展望而言，則尚難樂觀，蓋世界人口日增，經濟待開發國對工業先進國之貿易交換比率日益不利。例如在過去六年間，待開發國之出口收入減少百分之十，而西方工業國之出口收入則增加百分之七。後者對前者雖不斷予以投資及經援，然前者每個人之生產與所得數字，則不僅不上升，而大多下降。此等國家在一九五三年之出口爲進口百分之九十。屆一九五八年此數字則降爲百分之六十五。各落後國政治不安，社會騷動，其青年大衆更傾向共產思想，常時擧行示威運動，有類於三四十年前之中國。此則有賴於人口增加過速之國家採取合理人口政策，非外援所能爲力。

美國對蘇聯實力及其征服世界之策略，曾由公私各方面聘請多數專家，作無數之專題研究，各部門權威學者，在各政府機關與哈佛、本雪凡尼亞等大學，蘭特 (Rand) 等研究公司從人類學、社會學、心理分析學、政治學、歷史學、地理學等等方面，精心研究，並與英國公私研究機關合作。故從「知」的方面而言，共產之陰謀策略，已如犀燃燭照，纖微悉顯，所缺者「顧力行何如耳」。

甘氏之種種新猷，雖尚待次第推行，然就其所發表政府中之各重要人選，以及各專家向甘氏所提供之專門報告而言，則其「用新人行新政」之決心，已昭然若揭。

去歲十二月十日之「週六評論」出版以「和平」爲主題之專刊，登載論文五篇，其大旨謂美國科學家對實現和平有決心有辦法，但過去艾總統主政時，科學家之企圖，曾爲政客所阻止，故甘氏登臺後，重要政府部門將有變動，不熱心和平之政客將爲大批科學家所代替云云，此諸文中最主要者爲對維斯納氏（Jerome Wiesner）工作之贊揚。維氏者，麻省理工大學敎授，電子研究所與通信科學中心主持人，而甘迺廸氏最親信之科學顧問也。該刋謂維氏之同事與友人，均稱維氏爲一具豐富感情之人道主義者，而舉維氏在十一月底正參加莫斯科所開之第六屆卜格瓦許科學家和平會議（Pugwash Conference）爲例證，此和平會議創始人爲美國工業與金融巨子伊登氏（Cyrus Eaton），其人思想左傾，在美國不斷高唱和平共存主義，並於赫酋來聯合國開會時，設盛宴介紹美國工商界聞人與赫氏晤面。據報載去冬在該會議場中，維斯納敎授曾對蘇聯科學家痛切陳詞。謂兩國科學家應携手合作，强迫其政府從事軍縮與停止核子試驗，以免人類同歸毀滅「週六評論」又謂維氏雖受甘氏倚重，但或將不參預政府，避免受人指摘，而以在野之身推動和平工作云云。但甘氏已於本月十一日宣佈維氏將被派白宮助理，專管科學促進事項。

近若干年來，西方科學界與人文學者之裂痕日益擴大。前者目後者爲抱殘守缺，後者則批評前者之工作爲冷酷而無人情味。英國科學家兼文學家斯諾爵士，曾謂現代科學文化與人文文化之顯分壁壘，殊屬不幸。伊主張科學家應熟讀莎翁樂府，而人文學者亦應了解熱力學第二律，蓋前者昧於古而後者不知今兩皆失之。斯氏因之對麻省與加省理工大學等之提倡人文學科、庶免專家敎育趨向野蠻化之舉措，大事贊揚。

美國詩人前國會圖書館館長麥克勵許氏 (Macleish) 去年底發表論文，謂當前人類之嚴重危機，不在共產主義或原子彈等等，而在人類本身；科學發展對人類有益亦有害，要點在吾人方寸間之一念。麥氏謂如對美國任何學府提出原子彈若何改進問題，答案必爲改進科學，與增加科學家；如提出非洲問題，答案必爲技術人員之對非洲協助；如提及蘇聯問題，答語則爲斯諾爵士所高唱之蘇聯科學工程人員較美國者增加迅速，麥氏謂此等答案雖扼要，而不够深刻。蓋人類在科學所創造之世界中，雖易於樂生，但難於不死。廿世紀之人類，儼然與小赫胥黎氏所著說部「勇敢之新世界」中人相彷彿。麥氏謂在過去之傳統時代，人與世界之關係，曾充滿神性傳說 (Myth) 與其意義者，在現代則爲新的精確的客觀的無感情的觀察與分析所替代，世界依然存在，但吾人已不知何往矣。麥氏因之提出「非科學」之建議，卽吾人不僅應從科學中得到茲世上普遍與永恆之定律及方程式所給予之客觀的事實，而更應對此事實有親切體驗之情感，使納粹式之屠殺，與原子彈轟炸之意義得以顯現。易言之，卽吾人須將藝術家與詩人對世界之看法，加在科學對世界看法之上，亦卽須恢復人情味，人類方可獲救。麥氏遂對詩與人生之關係大加發揮。

麥氏茲文發表前數日，詩人艾利奧特 (T. S. Eliot) 亦撰一文，主張現代學子不需讀現代詩人（連同伊本人在內）之著作，而應讀過去之古典詩，因唯有欣賞過去者方能了解現代，讀古典詩爲學習英文文學之重要方法。

英國經濟學者華德女士（Barbara Ward）近亦撰一文，謂一國家在世界之聲望，不繫於武力與經濟之成就，而在於卓越之創造，華氏指出古代亞述，中古之蒙古，與本世紀之納粹德國，武力均異常巨大，然其對人類之重要性，則遠遜於古雅典一小城。

本文著者列舉以上諸家論文之主旨，蓋實對甘氏行新政後之美國與世局，有不安之觀念也。美國今日之智識分子，尤其甘迺迪總統所行將重用之智識分子，大多爲自然主義、實效主義、科學主義、世俗主義等等信徒，而於無意中流露出人可替代上帝之思想。伊等蓋與羅斯福總統時之新政人物志趣相同，而不憚從事種種以社會爲試驗室之新的嘗試者也。

羅氏於一九三三年登臺時，美國與全世界適遭遇到空前之通貨緊縮，物價暴跌，工農業生產驟減之情況。但當時蘇聯共黨亦毫無對外侵略之顯明的表現，而僅暗中從事工作。故羅氏得以從容進行各種試驗性質而其後證明失敗之措施。甘氏當前之困難，與羅氏所遭遇之困難性質迥殊。但甘氏之若干顧問人員，則對蘇共中共之權力政治與新殖民主義，視若無睹，不加指斥，同時對蘇聯中共之各種計劃，以及尼黑魯狄托等人之社會主義中立政策，復均願客觀的予以討論，而不就倫理道德觀點，予以批評指責，此吾人所不能了解者也。

此等人士雖自命爲「科學的人文主義者」，其實與孔子及柏拉圖以降之人文主義者有霄壤之別。質言之，則前者爲倫理相對主義者，後者乃倫理普遍主義者；前者爲達到目的不憚變更手段，後者則守死善道不以所欲害其生者也。美國學者如寇克、粤佛等人，久對現代智識分子加以指斥，謂其應知悔改，因其領導民衆，走向賈可賓式之民主與富人政治，而與華盛頓哲佛遜林肯等人之思想不相符。故伊等表面上雖號稱爲自由主義者，實際上則係與美國傳統隔絕，且將政體引向中央集權之輩。然許萊辛格 (Schlesinger) 蓋爾勃萊斯 (Galbraith) 羅斯鐸 (Rostow) 等人，聲望仍蒸蒸日上。

哈佛大學神學與哲學教授狄立虛氏 (Tillich) 曾著「仁愛、權力、與正義」一書。發揮仁義與權力之關係，謂三者不宜偏重而應互相關連，從本體論上聯爲一體，人與人之間，社會與社會之間，乃至人之存在之最後究竟，必須將斯三者聯合並論，方能得到答案。

吾人細察古代儒家教義，謂王者仁義之兵無敵於天下，以及仲尼之門雖童子羞道桓文（霸者）之事，與狄氏議論相合，而嘆古今人之遠不相侔也，蓋際此科學技術日進千里之今日，智識即係權力，而與仁義無涉。現代之政治學經濟學等社會科學，均爲道德中性者，其實卽權力之學耳，然今日之權力政治，隨原子彈製造程序之簡單化與其成本之減輕，以及多數殖民地之變爲獨立國家，實已達到日暮途窮之階段。任何小國均識破諸大國之言行不符，而任意向之敲詐，雖富如美國，亦難應無厭之求。爲美國計，與其降低身分，受共產與中立國家之不斷的欺凌，毋寧高樹仁義之大纛，將敵我涇渭分清，並運用其實力，聯合忠貞之盟友，而與共產相周旋，則勝算仍應有把握。第此恐非美國今日之智識分子所樂聞者耳。

中國當春秋以迄秦漢之交時，技術方面如醫藥、農業、冶金、水利、商業、武器製造等等，組織方面如大兵團之管理，戰略戰術之運用，以及政治外交等等，造詣實在西方希臘羅馬之上。學術思想之孟晉，在當時之中國與今日之世界相同。然春秋戰國時，各國當政者尚知尊師重道，行已有恥，對外交涉，一以詩禮爲依歸。西方今日之議員部長與大使等，能精通詩教者，則如鳳毛麟角，甘氏所選拔之重要官吏，亦多爲四十餘歲之技術人物，不足與談內聖外王之道。

吾人觀於周秦往事，自孔老而孟荀莊惠，而至儀秦非斯，學術思想日趨下游，最後則焚書坑儒，以吏爲師，而直至漢代方始復興。現代之社會科學家亦重量而不重質，重方法與技術而不重道德，重組織與權力而不重個人，安得不懷抱杞憂乎？西方之科學發達，道德下降，使人類失去自制與理性。縱使軍備減縮，原子戰不起，然各國內部革命，與互相殘殺，以及少數人憑借科學技術，奴役剝削多數人，有如當前共產國家之所爲者，將用何法以制止乎？

甘迺廸氏雄才大略，禮賢下士，有類於我國之漢武帝與宋神宗。吾人對其所選拔之智識分子，技術專家，雖未能全部滿意，但對甘氏有宗教信仰，具無畏精神，則寄以無窮之期望。際茲世界文明千鈞一髮不絕如縷之時會，深願甘氏以仁愛與正義爲主，運用權力，將共產主義制止，使人類恢復信心與理性，則吾人之杞憂，雖將證實爲錯誤，而吾人之歡欣鼓舞，當非文字所能克形容。苟不然者而對共黨謀妥協，對國內僞自由份子予以寬容，則美國之聲望與實力將急激下降，銅駝荆棘之禍患恐終難避免耳。

五十年一月廿日紐約華美日報

新書評介——年事方輕豈應死亡之美國

近年西方作家所寫文章及書籍，每喜用「危機」或「死亡」爲主題，此足以反映當前時會人類憂慮不安之心理。美國漢學家納梵孫氏本年年初評介我國學者周策縱氏所著「五四運動」一書，以「孔子死亡之日」(The Day Confucius Died) 爲其文章之標題。吾人雖不承認儒家思想於民國八年五月四日以後便卽一蹶不再復振，然對美國學者之鄙夷過去，歌誦未來，重視科學與蔑視傳統之精神，實有極深刻之印象。

美國文明之特徵爲科學與技術，二者亦爲現代共產國家所特別注重。科學與技術當然日益進步，愈新愈佳，所可惜者，近年來冷戰加劇之結果，科學與工業努力之着重點大多與軍事有關聯，而蘇聯在此方面之表現，竟青出於藍，幾乎超出美國之上，不得不令有心人撫膺長嘆，而對

「年事方輕豈應死亡之美國」(America Too Young to Die) 一書，作者塞佛斯基氏 (Major A. P de Servsky) 抱衷心之同感者也。

塞氏卒業於帝俄海軍學校，在第一次世界大戰中，爲俄國最知名之空軍英雄。伊於蘇聯共黨政權成立時卽來美，數年後取得美國國籍。此人以一身兼有科學家、發明家、與工業家之特長，爲美國航空工業界有數之人物。自一九二一年起，卽在陸軍部，與密澈爾將軍合作。後者因力主擴大空軍而開罪長官，一九二五年經軍事法庭判決停職，憤慨抑鬱而死。迨二次大戰後，始遭美國政府昭雪而恢復其榮譽，爲一傳奇式之人物。

塞氏以發揚光大密氏主張爲己任，多年以來設計各種飛機，得多種發明之專利權，並親身試飛多次，而受美國政府頒給勳章與獎狀。陳納德將軍爲其摯友，陳氏飛虎隊所用飛機，頗多爲塞氏所主持公司之出品。

塞氏於太平洋戰事爆發後，撰「勝利來自空軍」一書，行銷五十餘萬本。迨韓戰甫起，伊續撰「空軍權力爲生存之關鍵」一書，謂此後戰爭爲立體的，勝負由空軍決定。因之對美國陸海軍軍中頑固分子，頗加批評。美國政府於杜魯門總統任內設國防部，下分陸海空三部，已算對大空軍論者讓步，但各部互爭權力與預算撥款，相持不下，仍爲塞氏所深爲不滿。本年此一新書之作，卽係針對此缺點而大聲疾呼，謂美國危機迫在燃眉，如不改正現狀，急其所急，則將有亡國之危險。

然陸海軍兩方之主張，在過去並非全無理由。一九五〇年有安德羅氏（Andrews）著「慘禍肇自空權」（Disaster Through Air Power）一書，中言機械固屬重要，人力亦不可輕視。陸海空三軍各有任務，應相互配合。伊復謂義國杜赫元帥全面制空之理論，未經二次大戰證明有效。美英兩國於該次戰役曾發動空軍人員共一百三十萬人，參加戰鬪之各式飛機最多時達二萬八千架，就中轟炸機飛往德國一百四十四萬次以上，戰鬪機二百六十八萬次以上，投射炸彈二百七十萬噸，美英飛行員損失各在八萬人左右，美國損失飛機一萬八千架，英國則爲二萬二千架。轟炸之結果，爲德國平民死亡三十萬人，受傷七十八萬人，房屋三百六十萬所被毀，七百五十萬德國平民無家可歸，然德國仍支撑戰局，至美英俄陸軍會師於厄爾悲河畔，方始投降。安氏對主張大空軍者，均有微詞，而對馬歇爾將軍則頌揚備至。蓋馬氏在美國軍部時，對空軍限制最力也。

塞氏新書中，對馬氏則有嚴厲批評，謂二次大戰時，馬氏對蘇聯處處讓步，韓戰時麥亞塞元帥之功敗於垂成，由於美國政府之不許空軍越境轟炸，使韓戰主要的成爲舊式戰爭，直至今日，美國人注重陸軍之觀念仍未改變。伊復謂杜魯門與艾克二氏均受馬氏影響，於伊等總統任內，對火箭與飛彈不够注重，而蘇聯則自德國投降後，卽以全力發展其空軍與火箭。雙方力量對比，由美國過去之優勢轉爲今日之劣勢。書中對蘇聯爭取德國科學家與機械設備，以及向美國飛機及其他工廠攫取設計圖案等等，有生動之描寫。

塞氏不信局部戰爭之説，謂其遲早將變爲全面戰爭。伊復謂小國縱有原子彈，亦不足憂慮，因放射原子彈之飛彈等，需款過鉅，非小國所能負擔。伊指出與蘇聯討論裁兵，爲墮入其陷阱。塞氏又謂：當赫酋於前年九月訪美時，講演詞中譽美國爲工業先進國，而謙稱蘇聯爲學生，行將超過老師，使全美人民於電視中獲聞茲語者，揚揚得意。伊等蓋不知茲語乃係二百五十年前彼得大帝將瑞典查理十二世之海陸軍消滅後，在慶功盛宴上所用之詞句。當時彼得高擧酒杯，聲稱「爲老師（瑞典）滿飲一杯」。赫酋蓋以彼得大帝自許，而視美國爲當時瑞典之流亞耳！

塞氏對美蘇雙方空軍力量，包括各種飛機與飛彈等等，予以估計。在大體上，美國重轟炸機較蘇聯者爲速，但中途需要加油，且在二千架重轟炸機中，祗有六百架B五十二號機載有新式電子儀器甚多，性能甚佳，其餘一千四百架之B四十七號機，則已全部喪失價值。蘇聯飛機數量無從估計，但其重轟炸機能航行一萬一千里而不需加油。至飛彈方面，則蘇聯火箭部隊有五十萬人，飛彈基地甚衆，就中越州飛彈基地最少有廿處，飛彈最少有二百枚，每一彈頭裝置等於一千五百萬噸威力之原子彈。美國則在去年年底有擎天神越州飛彈（Atlas Icbm）三十四枚，每一彈頭裝置等於五百萬噸威力之原子彈。此外有三十二枚北辰星飛彈，可在潛艇發放。其他中程距離飛彈等價值不高。在電子儀器方面，美國之工業久佔優勢，近年則蘇聯已迎頭趕上。此其大概也。

塞氏對美國在全球各地設立二百五十處以上之空軍基地，認爲濫費國帑而對作戰無補益。伊在十年前蘇聯尙無飛彈時，卽曾指出海外基地之無價值，而擧二次大戰時，日本將空軍力量遍佈太平洋各島，卒遭美軍各個擊破之事實爲例證。在本書中，伊列擧美國在格林蘭、摩洛哥、法國等空軍基地被迫撤退或改變用途之經過。

伊對於海陸空軍應配合之說，指出今日戰事起時，陸軍無何等作用，主要的需依賴空軍。一年前巴黎高峰會議僵持時，國防部長蓋資氏曾對三軍下總警戒令，其時美國航空母艦四分之三以上均停泊各地港灣中，甚易爲敵人飛彈所燬。就中如超級巨艦伏累斯濤號，則停泊於南斯拉夫國海港，而需十一小時始克成行。伊復引用輕氣彈之父泰勒博士之語，謂將來戰爭起時，海洋面上船隻均將被擊沉。故除潛水艇外，不宜花錢製造任何船隻。伊又謂邱吉爾氏於一九四九年在麻省理工大學講演時，早已指出此後空軍爲一國軍事力量之主體，而海陸軍應接受附庸之地位。

塞氏認爲目前海陸軍已知非附屬於空軍，則無法存在，故堅持將戰術空軍部分把握不放。美國上一年度預算中，陸軍支出九十億元，海軍者爲一百十億元，空軍者爲一百八十億元，表面上似乎空軍用款最多，其實略加分析，卽知戰術空軍與運輸機等支出，均屬於陸軍方面，故三軍所用款，大致相等。但彼此架床疊屋，力量對消，故成效不彰。伊所提出之解決方案，爲將三軍合併爲一，着同一制服，受同一升遷之規定，並聽命於一參謀總長所領導之參謀本部。國防部事實上應爲空軍部，其下分設陸軍海軍等局，總參謀長爲無黨派者，向總統及國防部與國會負責，俾事權統一而效率提高。此外，加速製造反飛彈之飛彈，並以全力充實空防。如此，乃可與蘇聯作持久之爭衡，並憑藉美國優勢工業，以消耗蘇聯力量，而爭取最後勝利。塞氏指出，屆一九六二年年底時蘇聯便將擁有能將美國及其同盟國全部炸光之飛機與飛彈。故改組一事，必須卽刻實行，不容再行延緩。

本文作者既無軍事知識，且對美國軍事組織之應否改組或維持現狀，並不發生興趣。但介紹本書之主旨，則在使讀者對當前美蘇對峙局面之演變，得有正確之知識。根據本書所敍述，則馬歇爾將軍與杜魯門艾克兩總統過去之判斷、方針、與措施，似乎有重大的失當。塞氏在艾克主政時，曾被邀任空軍部次長，但附有條件，卽伊須努力執行上級之決定，而不容提出異議。故塞氏立卽辭謝，不肯擔任。其爲人之熱心正直，乃無可懷疑者。

余以爲觀於美國軍事當局之狃於舊習而不肯改革，益可見中國古時種種軍事上重大措施，非有超人之識見者，不能實現。昔趙武帝靈王胡服騎射以却匈奴；漢武帝自大宛求得汗血馬種，卽交卜式等蕃畜，而一舉驅逐匈奴，西至歐洲；岳飛大破金兀朮之拐子馬隊；戚繼光注重管敎養衞以捍衞北邊，並南逐倭寇；曾國藩等廢除綠營，訓練鄉勇與水師，並利用西人火器以克制髮匪……伊等之學問才識，均較今日西方當政者爲優越。而中國每值顚危，總有書生投袂而起，以復興國家爲己任。今者又風雨如晦矣，現代之新儒家等盍興乎來！

五十年六月九日紐約華美日報

當前人類幾項重大問題——致香港自由報函

嘯岑社長先生道右：前奉去月十四日大示，敬悉一是。比因尃冗，未卽裁答爲歉。關於臺灣經濟之研討，國際貨幣基金不久將遣派專門人員赴臺，與我國財經當局作一年一度之商談。待其歸來後，當有詳盡之報告。

執事如能商得主管部同意，請經濟專家將該報告擇要撰文交貴刋發表，必能洞見癥結。弟此次留臺僅一月，雖赴各地參觀，但僅走馬看花，不够深刻，未敢率爾操觚也。茲有以下各點，奉瀆清聽，請爲指正：

一、堅決主張限制人口

一、據地理學者班納德氏之最近研究，全世界之陸地面積約爲五千七百萬平方英里，就中二千九百萬平方英里爲不產糧食之寒冷地帶，乾旱區域，及高山地帶。此外又有將近一千萬平方英里爲較爲乾旱地區，分佈於寒溫及炎熱地帶。眞正能產糧食者僅約爲全部陸地三分之一而强。然一面水土不斷侵蝕，一面則人口不斷增加，全世界已有半數以上之人口營養不足。自由世界端恃美國加拿大阿根廷澳洲四國每歲增產糧食，以供應其他不足之國家。共產國家則蘇聯亦賴二次大戰後開發處女地帶（卡薩斯坦與西伯利亞南部等雨量不足之地區），而輸出小麥等以接濟其附庸國家。

據若干地理與氣候學者所言，二十世紀下半期將爲週期性的長期乾旱時代，每歷五百一十年全球卽有一次。（參看亨廷頓所著之「文明之主要動源」一書。）蘇聯小麥生產量，自一九五九——六〇年之六千九百十萬公噸，減至一九六〇——六一年之六千三百七十萬公噸，一九六一——六二年數字尚未發表。加拿大今歲因有旱災，其小麥生產量，自一九六〇——六一年之一千三百三十萬公噸，減至一九六一——六二年之六百九十萬公噸。美國在同期間亦自三千六百八十萬公噸減爲三千四百三十萬公噸。（以上數字均取自聯合國糧農組織九月份月刊第十八頁。）近來非洲各地如埃及與肯亞等均苦於旱災，蘇聯年來處女地區之生產量不增而減，爲赫魯雪夫焦慮之重要原因。假定此後十年全球各地繼續不斷有荒旱現象，而美國加拿大等國積儲亦經耗盡，則人類縱不打原子戰，而黃巢闖獻等事件之重演，恐難避免。弟故不憚煩的堅決主張限制人口，此需賴全世界民衆有道德的決心，自動的晚婚與節育，方可有濟。目前不僅日本印度等國已確定節制生育爲國策之一，瑞典與丹麥政府並已正式的向聯合國提議討論矣。

人與自然均衡關係之重要

二、我國古代陰陽太極五行生尅之說，主要的着力於人與自然（天與地）之和諧。此種宇宙觀人生觀影響數千年來中國人之生活、藝術、社會與經濟。在西方則生態學與水土保持學之受重視，僅爲近百年來之事，故我國人對資源之保存，以及環境與生命之關係，其了解程度較西方人遠爲深刻。一九四四年弟與鄒秉文君偕美國農業部水土保持專家勞德密爾博士考察美國東部各州農業時，勞博士屢次提及美國在農業技術改進上曾有向舊日中國農業借鏡之處，例如常平倉制度係華萊士氏得自陳煥章氏所著之孔門經濟學，斜坡灣土之法係借鏡於中國之梯田，而保持水土最有效之作物Kudzu，美國人雖僅知其係來自日本，實際則應爲中國之葛藤，詩經中早經道及矣。近年中共急功好利，加速工業化，而破壞人與自然之均衡關係，例如捕殺麻雀，使害蟲驟增，組織公社，使野草蔓延，農作物減產等等；言之令人痛心。

共產主義產自西方文明

三、近三百年來，歐洲科學興起，工業與武力日益龐大，於是過去之宗教的宇宙觀人生觀，爲科學的宇宙觀人生觀所代替。世俗主義抬頭、科學、技術、經濟增長等，變爲崇拜之對象，所謂人造之宗教是也。

第經濟發達之結果，爲人口加速上騰，資源加速消耗，而並未將天國引來地上。各國內部之間，且有階級（勞資）種族（黑白）與長幼（老少）之分裂，趨勢日益嚴重。在國際局面，則冷戰愈趨激烈，全人類有將遭全部燬滅之危險。

於是好學深思之士細心研究，發現西方人專門注重理智之分析，一面雖進步，一面則引致弊害，因其祇知爲我而勇猛向前，並未注意自我約束，結果則引致彼此間之不斷衝突，共產與自由世界之鬪爭，爲其最明顯之例證，蓋共產主義乃西方文明所產生者，與我等東方世界無涉，特我等不幸而首遭其害耳。

現代文明違反人性過甚

四、人類由野蠻而進於文明，生活日益舒適，處境則日益艱鉅。中國古代之垂訓，謂「道高一尺魔高一丈」，印度奧義書謂「人之得救有如在刀鋒上行走」，斯皆經驗之談見道之言。英國有一學者謂，現代文明違反人性過甚，人類在下意識中起反感而表現爲種種爭鬬。輕氣原子彈乃人性對現代文明反抗之象徵，歌誦現代文明者應知所警惕。

宗教之功能，乃爲防止理智的拆散作用之自然反應，人類因有宗教信仰方可心安理得。又人類爲生物中唯一了解死亡乃不可免之事實者。宗教賦予人類信心，使其面對死亡而無畏。惟純正宗教始爲道德的倫理的，而與拜物拜金者之時時憂慮死亡者相異其趣。進化論創始者之孫達爾文爵士，對現代大規模福利工作之足以引致反淘汰作用，感覺不安，而頌揚信仰之功效，謂其可以使優良精神傳統承襲不替。達氏謂改善人類狀況有政治的、教化的、與生物的三種方法，就中政治的方法作用最弱，生物的方法需時極長，祇有教化的方法收效最宏。吾人觀於歷史而確認達氏所說之確當。

中國古代已有宗教，最初爲多神的，繼變爲一神的（昊天上帝），最後則爲崇拜不具人格性的上天。儒家以「人」配天地而爲三才，遂成爲祭天地拜祖先孝父母之人文主義者。此後學者雖不斷吸收外來思想，但精神傳統則始終一貫。中國人將佛教中國化，而成爲禪宗、天臺、華嚴等宗，與純正儒家思想並無衝突，且將印度之種種迷信除外，故吾人不應指稱佛教來華爲中國之印度化，或謂爲印度思想所征服。基督教精義固應爲中國人所承受，但將來必有中國的基督教，與儒道等教並行不悖，而不能替代吾國固有之信仰。至於共產主義在中國可以替代孔孟教訓之說，更爲西方左派學者不經之談。

西方自二十世紀物理學興起後，科學的人生觀已爲「新現代心理」所替代，後者認人之心智有限度，對宇宙秘密所知甚有限，主張回復謙卑之態度。甚多大科學家與哲學家垂老時輒變爲神秘主義者，與孔老釋迦等相類似。

知識份子對社會之責任

五、過去中國儒家對社會大衆所盡之責任，與西方在近代以前之教士與智識分子相同。大衆人民多爲急功好利尋求實效的而傾向倫理相對主義。儒者則與大衆相反，伊等具遠大目光，並注重仁義而不急功好利，其所念念不忘者爲三綱五常四維八德之教訓，且以身作則，率先實行。故中國士人居四民之首，盡其匡扶之責。

西方近數十年來之知識分子，連同基督新教之若干領袖在內，則反過去之道而行之，專以迎合人民大衆之各種要求爲務，美國左派政客更主張博施濟衆，對全世界人民施惠。結果國力不支而走向通貨膨脹，同時人口暴增，資源消耗，使共產思想得以乘虛而入。待開發國家甚多亦受其影響而步趨其後塵。近年來西歐及美國保守思想抬頭，卽爲對僞自由主義者之一種反感。

西方主和論者不切實際

六、昨夜弟收聽紐約某電臺廣播美國左右派青年對國策之辯論，先後共五小時。左派青年認共產與中立國家之立場，對其本國人民有利，祇與美國國策相牴觸而已。目前既無法進行原子戰，爲美國計，祇得設法不斷與蘇聯商談，並大規模的協助全球各落後國之經濟建設，俾其可以走向民主而共存共榮。伊等贊揚羅素，並反對空防。右派青年則指稱：甚多中立國家偏袒共產國家，而危害自由世界。且對伊等協助之結果，爲伊等人口之增加與武力之濫用。美國十六年來先後援外與貸款將及一千萬萬元，結果則匪特國際情況日益惡劣化，且美國本身財政收支與對外收支亦年年不敷，美元信用頗受影響。伊等主張對蘇聯强硬，而主動的在蘇聯附庸國之願恢復自由者進行游擊戰，並力主在共產國家舉行公開的不記名的投票，俾其民衆得自由決定其政權方式。

按近十年來，西方主張對蘇聯妥協論者，所持主要論據，爲以下二點：（一）自原子彈與火箭等武器發明後，人類戰爭已無可能；（二）共產國家與自由世界雖政治經濟制度不同，但仍可共存而進行友誼式之競賽。第揆諸歷史，人類自遠古已有戰爭，在現代尤爲激烈。進化論者大多認戰爭隨人性以俱來，有保種衞國之功能。以他種競賽替代戰爭，甚非易事。進化論中又有所謂「競爭不並存原則」，大意謂在同一環境中，兩種共存而競爭之生物，如不能隔離，則較劣者遲早將爲較優者所消滅。

吾人觀於國聯之失敗，聯合國阻止戰爭之無成效，以及東德之不得不建築高牆，以阻止其人民之逃往西德，而覺進化論者主張之不無理由。西方主和論者，直至今日尙無一人能在科學與哲學方面，建立其合理論證，故其主和之主張多不切實際。

吾人認人類與生物不同，具有向上之精神靈性，人類之有虔誠宗敎信仰與抱道德觀念者，恒能將對內親愛對外抗爭之二重倫理變爲純愛而無爭之單一倫理，後者爲大同世界之哲理的與道德的依據，亦卽孔老釋耶回猶等敎創始者之企求。但化干戈爲玉帛，俾人類得永久和平，非政治與經濟的手段所能達到，而有賴於對强暴者予以膺懲，同時施以道德之感化，此爲中國儒學之精義，亦卽宗敎與進化原理之合一，非西方左派學者與僞善的宗敎大師之「煦煦爲仁」者，所可幾及也。伊等求和平與大同之辦法，適如爲虎張翼，緣木求魚。世局如此，吾人祇有擲筆長歎而已耳。

手此，敬頌

著綏

弟顧翊群拜上五十一年一月六日華府

論美國當前之危機

壹、引　言

美國，金元的王國，科學技術的溫床，追求自由民主者之聖地，同時也是投機冒險驚世駭俗之徒的樂園，這個二十世紀最強大富裕的多元社會國家，現在正遭遇到立國以來最嚴重的危機。一八一二年對英國的戰爭，與一八六〇年代的內戰，其嚴重性均不能與當前的難關相提並論。因對英戰事祇係為了爭取海上的自由貿易，而南北美內戰亦尚未引起國外的侵略；但現在則外有俄共中共之在韓國、越南、中東等地掀起戰火與製造事件，使救火者美國疲於奔命；內則有黑人與共黨同路人，以及左傾的青年等到處示威暴動，其力量有增無已；更不幸的則近三十年來美國在財政、金融社會福利與對外經濟所採用之急進的擴張的各種措施，而以「新政」、「仁政」及「大社會」爲號召的政策，亦已走到巔峯，形成通貨膨脹，而不得不迷途知返，補救維艱。以上一切難題，其複雜與嚴重的程度係空前的。僅憑武力或經濟或科學與技術，不能將危機根本解除，而有待於智慧之洞見與道義之決心。本文目的在以簡單的，講說故事的方式，將美國的成就與其所面對問題之嚴重性描寫出來。本人認爲：惟有當前美國之中心思想，亦即在現代流行之實效主義，功利主義，與倫理相對主義，能有正本清源之改正，而其全國上下均能全心全力的贊助與督促其當政者以更多之血、汗、淚來爭取對抗共黨侵略者之勝利，美國的危機方可解除，愛好自由之人類的命運，方可有樂觀之可能。

貳、科學技術的天堂

（一）工業上的發明。科學與技術上之發明爲現代經濟社會增長的主要原動力。發明在過去曾被認爲動蕩不定難以計劃，但在現代美國則各大企業均對未來有長期的週詳的設計，而按步就班的將擬議中的各項發明予以實現。一九一五年電機怪傑斯坦邁茲氏 C. P. Steinmetz 曾運用他的想像，而預言有若干種新的發明，將爲人類帶來幸福。美國奇異電氣公司乃創辦了「發明家學校 School for Inventors」以訓練專才。到本世紀中葉時斯氏所預言的發明有百分之七十六業經實現，其餘百分之廿四亦經局部的被證明為可能。杜邦化學公司係世界最大的化學企業，產品甚多，並代美政府辦理生產鈈氣原子彈器材工廠。該公司有設計單位，計劃此後數十年內問世的產品；中有實驗室一所，其名義在大門銅牌上標明為「公元二千年」，所研究者為廿一世紀自石油與海水中所提出之人造食品。本世紀中葉該公司每歲支出研究費約美金三千五百萬元，雇用專門人員將及二千人，分在三十三所研究實驗室工作。此等專家所研究的計劃種類甚多，計每年三百六十五日平均每日得到政府專利特許權一件。在此種大企業中，天才與組織的衝突在所難免。一九二七年哈佛天才化學家卡羅州氏 W.H. Carothers 為該公司所羅致，而進行研究人造纖維。到了一九三五年二月，經過卡氏之理論研究，自煤與石灰石中提取出來能抗熱至華氏五百度之「多元巨分子六十六號 Polyamid 66 」，亦即其後請得專利權而被命名為「耐隆 Nylon 」之人造絲。當時公司急於生產圖利，不同意卡氏的暫緩製造以待品質改進之主張，（其時新產品第五一零號業已完成）而忙於利用專利權從速建設耐隆工廠。該廠完成於一九四〇年正月，杜邦公司曾經獲利無算，但卡氏則在一九三七年因失望而自殺，享年僅四十一歲。

（二）農業建設的成就。美國農業建設的成就，來自科學技術之被充分的應用。茲舉以下三事作為例證。①加州南部的帝谷 Imperial Valley，地勢卑下，屬於科羅拉多河流域。自古以來受該河泛濫影響成為不毛之荒地。然早在十九世紀中葉，專家等業經斷定其土質肥美，應設法實施水利灌溉。二十世紀初年曾有多次小規模的工程均告失敗，直至三十年代胡佛大水壩系統樹立後，將該河洪水管制，帝谷區內開掘了運河與棋盤式的灌溉溝渠，而此四千五百方英里之區域乃成爲地面上之伊甸樂園，所產之水果與蔬菜知名於世界。有一墨西哥工人告參觀的遊客道：「我們在本國農作物缺水時需向上帝求雨；在此地祇需打一次電話予給水總站，水便流出來了。」②在一九四六年美國奇異電氣公司專家等，開始研究人造雨之理論與實驗。夏佛氏 V. Schaefer 首先在試驗室中將各種類似結晶體的細末，散洒在人造的「超冷的雲層 Supercooled clouds 」實驗箱中，希圖使其凍結而降雨。經過多次失敗之後，夏氏於無意中將一把「乾冰細末」洒入人造雲箱中，而發現了奇跡。該箱牆壁上竟有雪花凝結。同時公司中另一專家馮迺葛氏B. Vonnegut 於研究將及兩千種結晶的結構之後發現了攝影所應用的銀碘化合物 Silver iodide 與冰晶結構最相近。於是一九四六年十一月十三日正式在天空大氣中試驗之人工造雨術，終於成功。由此而許多小公司紛紛成立，以出售「人造雨」爲專業。科州丹佛城有一「水力資源開發公司」擁有約三十位氣象學者，應用「電腦」將自全世界各地經過「長程電報器 teleprinter」日夜所報告之氣象加以分析，然後應顧客的需要，將幾十架銀碘化合物噴射器裝置在多架飛機上，在指定地區上空噴射造雨，以便利農作物之生長，特別是供應旱區畜牧場等所需要之水源。該公司因之每歲淨盈三十餘萬美金。③美國當前的畜牧場，除去「牛仔」所戴之寬邊帽，與所穿之高跟皮鞋以外，與電影電視上所常見畜牧場已不復相同。「牛仔」等騎馬者少，而開汽車者多，不彈吉塔琴，而聽收音機，並因其職務係操作人工輸精及科學管理飼料等等，而其名義亦變爲「工程師」了。牧場芻秣供應之增加，首先從加重蜂蜜的工作開始。牧場主人向蜂場主人「租借 rent 」了較正常狀況下所需高出數倍之蜜蜂，在一定飼料區域進行不重採蜜而主要在輸送花粉以增加飼料的工作。蜜蜂等因產蜜不足量疲勞過度而紛紛墮地死亡，但蜂場主人因「租金」較出售花蜜獲利爲多，故並不愛惜蜜蜂的生命。牧場則因飼料收穫較通常增加六倍以上。亦認此擧爲合算。牛群不被散逐在草原上吃草，而是被排班站立在飼料槽面前。飼料有機械自動輸送，永遠不缺，牛的肩背上數吋，有通電的弓形裝置，牛群受過觸電的教訓而不作蠢動之想，擠乳手續有機械處理，所排洩便溺亦由機械淸除。有一牧場主人解說曰：「我們的牛群是無生命的機械。我們將某價值的飼料放入此機械中，而取回了某價値的牛奶與奶油。平均一頭牛在兩年半以後，便需送往草原休養十月至一年方可重行出奶，但爲圖利起見，我們照例不將之送往草原，而係送往屠宰場的」。在他的觀念中，科學與牛群之所以有價值，是因爲二者可以使他獲得更多的金錢，其他均不値得考慮。

(三) 思想機器與思想家。①費愛佛氏 John Pfeifer 在一九六二年著有「思想機器」一書，討論電子計算器之過去現在與將來。他認爲電子計算器可以用來硏究分析腦微波與癌的細胞，也可以預告氣候，及爲了設計原子武器而解答數理公式。我們知道此種計算器的基本原理可以上溯至十七世紀萊布尼茲與十八世紀巴斯噶兩位學者，而本世紀自三十年代起布許氏 Vannevar Bush 與他的共事者，在美國麻省理工大學林肯實驗中心的努力，對此種機器之不斷改進，有甚大的貢獻。②最近數學家克曼理教授 Prof J. G. Kemeny 在奇異公司論壇雜誌發表論文，認為到了美國下一代的時候，應用計算器當與學會寫字讀書，有同等的重要性。在克氏所任教之達特牟斯 Dartmouth 學院中，對於推行應用計算器的教育，已有了四年之歷史。到了本年六月底時，該大學生徒中百分之八十均會熟悉如何利用電子計算器了。克氏略謂他曾算出：美國「落斯阿拉摩斯 Los Alamos」原子實驗中心在一九四五年全年中所做的數理計算，祇需今日該校一位一年級學生在一個下午便可計算完畢，而此君所使用的電子計算器仍可以供其他三十人同時使用。克氏更預言：再過十年至一九七八年時，全美國大學生徒均將會使用電子計算器，邇時現代專家所努力解決的任何問題，幾於為任何大學生所能解答，例如升登月亮之太空船的軌跡將成為大學一年級學生的練習題。該校學生在當前便常時解決此等例題。③美國當前有甚多由專家集合的公司組織祇以撰寫權威性的研究報告為主要業務。各大學各部門受政府或企業委託而進行研究工作的亦不少。蘭特公司 RAND Corporation 為此中翹楚。該公司最初係應美國空軍之委託，為了解決兩項問題而成立的。第一為戰略轟炸計劃，係準備洲際戰爭時美國空軍應採取的戰略；第二為美國防空計劃，限於軍事上防守策略。但不久該公司之研究範圍便向政治經濟以及社會心理各方面擴展，而從事應用高等數學以及「電腦」來進行研究。在五十年代初年，該公司擁有八位氣體動力學家，廿二位經濟學者，五十一位數學家，兩位心理學家，四位社會學家，四十位電子計算專員，八十七位工程師，一位天文學者，三位數理邏輯學者，與八位統計學者。根據柏金森氏定律 Parkinson's Law，（按即「爲人添事，再爲事添人」之現代組織公例），我們有理由相信不久該公司人員必將二倍或三倍於以上的人數。④較蘭特公司更具權威性，而爲美國第一流大學如麻州及加州理工大學及哥大芝大等十二大學中「休假」教授等，所組織之國防分析研究所 Institute for Defense Analyses，亦代美政府各部會研究各種問題，自最新武器的研究起，而至最近之「罪行檢討委員會」報告，以及對國際收支研究等等。此機構每歲需用公款一千二百餘萬元，國會中人對之頗有指摘。⑤與美政府無牽涉而純由學問家所集合之學術機關，爲普靈斯頓高級研究院。此一機構係教育家弗納格斯勒氏 A. Flexner 所創始，目的在讓純正思想家有一安心思考之處所。在一九二九年經濟大恐慌未爆發之前所收捐款寥寥。迨恐慌爆發後，一位百貨商店所有人班伯格氏 L. Bamberger 與他的妹氏符邇特 Fuld 夫人首捐五百萬元，各方繼起響應，而使得該所氣象一新。二次大戰後，有親共嫌疑的原子彈之父奧賁海末氏 J. R. Oppenheimer（現已逝世）被聘擔任所長，愛恩斯坦氏與圍堵蘇俄政策設計者坎倫氏 G. F. Kennen 以及我國之物理學者楊振寧氏，均曾任該院院士。該院一方面重視數學與物理之研究，另一方面則注重歷史之研究，而希望將自然科學與人文學問雙方之鴻溝，設法縮小，使得具客觀性的科學，重行與倫理學相接近。該院院士名額雖僅有十八位，但自世界各地被邀請至該院作數月至年餘之訪問人士，經常有將及百人之多。各學者除埋頭著述外，每日下午於飲茶時彼此進行談話，以溝通思想。院士中一位現已逝世之數學家紐曼氏 John von Neumann 曾有言：「我們學術人士過去係傳道的使徒 apostles，而現在則變爲主教們 bishops 了。我們向權威者低首，而甘心爲他們所利用。此是不利於實現科學的使命的，因科學的目的祇在於眞理。」

（四）現代權威學者。所想像的科學世界人類大同之遠景。①一九六五年十月在美國南伊州大學有若干國際知名學者聚會，以檢討人類文化之將來爲主題。該會爲「國際信息傳達藝術與科學中心」所召開，召集人柏亭氏 W. Burtin 聲稱：「在當前時會，各種社會的，智見的，與技術的重大發展，正在對全部實在 reality 之實質與意義，進行改造。人類生活之每一方面均受其影響，每一種價值均被查考，而個人與社會所受到的壓力亦正在不斷增加。」柏氏指出大衆信息傳達 mass communications 之重要性，以及現代技術之將地球變小，與促使人類相互依存性之增加。爲了人類之生存與增長起見，必需努力求大衆信息之傳播在智與美的雙方之改進。②在該會議中宣讀論文者有麥克盧漢氏 M. Mcluhan。他是多朗多 Toronto 大學文化與技術研究中心主任，著有「古騰堡銀河群人物」、「印刷藝人之成功」，與「對傳遞信息媒介之了解」等書。

他指出二十世紀自從應用電子技術以傳遞音訊信息後，長時間遠距離縮減爲此時此地，全球遂縮小爲一種部落式之村莊。古代文字簡陋時，政令文教均賴口語傳遞下去。斯時耳官之重要性遠過於眼睛，而人之記憶能力亦因之而異常發達，歷史及故事之傳遞有賴於詩人之歌唱。古希臘柏拉圖對詩人之苛責，祇係文字風行眼官替代耳官後，新式文人對舊式詩人之反感而已。文字與起後印刷的書籍流通，而文化突飛猛進。眼官遂變爲重要。但現代有了電視與收音機之後，兒童等於出世後入學前便眼耳手腦並用，所得到的經驗係整合性的。電子時代之現代，又回復到新石器時代之末期狀況。今天的人類需將兩千餘年來，分工專業專以讀書爲重之習慣改變，而注意到在現代五種感官與頭腦並用所整合後的經驗。披頭樂隊演唱者既彈且唱，復搖擺顚動，更向臺下瞪眼注視。經麥氏加以解釋後，我們方領悟他們所携來的使命，原來二十世紀與前大不相同。披頭等人與樸普及動態藝術係屬新時代之象徵。環境與各種知識經整合以後，人類對社會應當有新的認識。麥氏又謂人永遠追不上時代。因之有憧憬過去之浪漫運動。希臘文字流行時，柏拉圖用文字來寫「對話錄」、文藝復興時代的莎士比亞之戲劇係中古性的。美國鐵路通行時代，畫家以草原爲題材。我們在電氣時代將過時的機器作爲「藝型 art form」而將之入畫。抽象藝術理想應爲現代之創造物。他又提出藝術家因反對其環境而與所處社會相敵視之理論，而舉出法國詩人波特萊，英國柯南達利所創造的福爾摩斯大偵探，以及俄國杂斯託夫斯基所論罪犯係聖者與藝術家混合之結果爲例證。他的學說新頴可喜，甚得各方推重，但同時亦遭受批評。英國幽默大師默格利已氏 M. Muggeridge 與美國文藝批評權威者肯勒氏 Hugh Kenner 均對麥氏冷嘲熱諷，反共專家柏納姆氏 J. Burnham 則指出：經過麥氏以學理說明時代特徵後，美國親共分子正在以全力爭取在電視上進行「强敎 teach-in 」來爲共黨張目。③較麥氏的學說，更爲驚世駭俗，令人撟舌不下的，爲富勒氏 R. B. Fuller 的主張。富氏係一天才兼博學者，現已達七十三高齡，爲哈佛天文學者沙普萊氏 H. Shapley 所最推重的人物。麥克盧漢氏對他亦甚傾倒。他二十歲時由哈佛轉入海軍大學。其後做過工人，發明機械，領得政府專利權，而自營企業。二次大戰時在政府服務，現任南伊州大學教授。他有「大砲 crack-pot」與「怪僻 eccentric」兩種徽號，加拿大一九六七年國際博覽會中美國舘地球式的建築 Geodesic Dome 卽係富氏所設計。他在南伊大檢討未來文化之會議中，擔任主題講演與閉幕前講演。本文限於篇幅，擬先介紹他的幾個「怪論」，然後將他的最新頴的，純科學的「天人相參與合一」理論簡略的敍述一下：

參、富勒氏之讜論

（一）富氏在主題講演中，首提出心靈感通之說，而謂在不久的將來「傳心術 telepathy 」將被證明爲人的腦中所發出的超高週率磁波之反應。他說他的講演向來不需事前準備，因他等待聽講者下意識中之「返饋作用」 feedback 來補充參證他的演詞。

（二）富氏指出過去注重分工之結果，學者們對簡單的靜態的觀察有深入的造詣，但對總體的動態的觀察則無重大的成就。他主張在聯合國總部附近東河之上，懸掛一個二百呎直徑的「地球觀測儀 Geoscope」，而在此球體上布滿了全球之空中照片，每二平方吋上裝一電燈泡，使觀測儀上共有一千萬個燈泡。他估算經過了十四年預備工作之後，此球儀將與一電子計算器相聯接。觀察者從聯合國總部可以指揮該電子計算器將球儀轉動，並由燈泡之開關，而將全球各地人口增長之狀況，乃至每小時繞大地一週之各種人造衛星之運行以及甚多的人事動態現象，隨觀察者的需要，在此觀測儀上顯現出來。

（三）他指出電子計算器可被用來研究太平洋區各部落民族之語言聲音起源與其流變，從而決定其發祥於何處。

（四）富氏認原子彈威力過大，美蘇兩國因之必然設法維持和平。他亦不信馬爾薩斯的人口增殖理論，而謂如將工業國家的工業設備拆下運走，但將他們的各種主義與政客及政治組織保存不變，則六月之後全球將有二十億人民餓死，反而言之，如任令工業國家保存其工業生產、運輸、銷售的設備與組織，而將其「主義」與「政客」及「政黨工作人員」，送登太空船上去永久的繞太陽運行，則玆世界上人人將有飯吃，且有望進入大同。富氏對政治與經濟問題之天眞與不切實際，既可笑亦復可嘆。

（五）他又聲稱南伊州大學在此後五年將進行以應用電子計算器爲主的一項工作計劃，其名稱爲：「如何使世界可以成功 How to Make the World Work」，而其方法則將根據最新的計算體系理論與美國國防部所應用的紐曼氏 Von Neumann之「競賽理論game theory」。

（六）他指出美國全國私營之電力企業，因經過計算器的計算，而放棄其頑固的立場與公營電力企業合作，將廣大區域發電傳電設備聯接起來，俾電力有無相通公司利益因之增加。他預見美國電力系統完整化後，將與加國者聯接，進而經過阿拉斯加與白令海而與俄國者相接通，最後則經過西伯利亞而與中國者相通連。他認爲到邇時他的計劃可以發揮極大的效果，因全世界的工業原料資源與設備及人力財力等等均可由計算器所儲存的資料，而獲得盡善盡美的運用。

現在我們來簡略的介紹富勒教授關於「宇宙」與「人的任務」之理論，亦可稱爲「科學的天人相參與合一論」。

（一）他首先聲稱他自身係一位經驗論者，但他最喜運用直覺思想以思考問題。正如一位鍛鍊身體者不斷增加所舉重物之重量，他亦不斷的提出難題來詢問自己，以求覓答案。他對宇宙下定義曰：「宇宙乃人類之有意識地了解與傳達其（對自身與對他人）一切經驗之總和」。他對此定義感覺滿足，因其至大無外，一切均被包含在內。

（二）他繼說宇宙應包含「形上學 metaphysics」在內，因形上學討論無重量的思想。他的宇宙因之較愛恩斯坦之物理的宇宙爲大，而包括數學、思考，以及屬於眞正經驗的各種夢覺在內。又因凡一切經驗均爲有始兼有終的，故經驗之總合應爲有限的 finite，而包括物理學與數學在內之宇宙亦應爲有限的。

（三）他續說「思想乃是暫時將無重要關係的放開 thinking is a momentary dismissal of irrelevancies」，而頭腦則將當下有關係的報告出來，且在我們覓求回憶 memory 以及其發動「反饋作用 feedback」之間，有一段「間歇 Lag」，例如我等有時遇一友人而忘其名號，或見一棵樹而忘其名稱，但到晚間就寢時，此等報告會得一一湧現出來。

（四）富氏指出宇宙間凡有正面者同時必有負面，例如核子物理學者將原子中微粒子分爲有正負荷者二種，陰電子 electron 的反面有陽電子 positron，故宇宙的基本正副「成分 components」相加時，其重量總和應爲零 zero。然在實際試驗上，我們永遠係與正面的或反面的相接觸。因宇宙中有「間歇 Lag」故乃產生作爲經驗之時間與生命。在過去歷史上人的生命短促，所得到的經驗有限，現代則正成相反。舉例而言，本世紀前的人一生步行或坐車歷程不能超過三萬英里，而現代人則因乘飛機旅行，故僅富氏本人已有行程三百萬英里的經驗。富氏友人劍橋天文學家霍艾爾氏 F. Hoyle 認大地資源不斷被消耗，人類需加速努力發掘與研究，方可繼續生存；富氏則提出問題，詢問人在大宇宙間生存，究竟有何任務？人是否爲宇宙所需要。

（五）富氏從十九世紀之熱力學第二定律說起，而謂宇宙間能力不斷的自局部的體系中散失，任何體系 System 之熱能，如水之下流，電壓之由高而低，總有下降的趨勢。此種熱能之散失被命名爲「熱力函數 entropy」，數學家等用「無定因數增加之定律 Law of Increase of Random Elements 以解釋之。依此定律則宇宙最後終將歸於靜止，而生命僅是暫時的變態而已。但進入二十世紀以來科學家等發現了能力不滅的定律，其意義乃是能力不能被創造出來，亦不能被消滅，能力在宇宙中是有定限的。由是而引致愛恩斯坦氏之物理宇宙爲有定限的理論。愛氏發現：光波與其他輻射短波，均以每秒時間十八萬六千英里之速度前進，而指出其雖然迅速，但並非「卽時抵達 instantaneous」，故宇宙乃是一大堆非同時的與非同一的事件的綜合體，因之我們不能得到一個靜態的概念的宇宙觀，自愛氏提出「相對論」以後，他繼續假定能力可以集結起來成爲原子形態，因之達到著名的公式 $E=mc^2$ （註：能力等於物質乘光速之自乘，所用計算之單位在此處略去）。

（六）富氏論地球乃是一個太空船，其上有大氣液體礦物植物各種生物等等，而形成了一種生態的 ecological 能力交換體系。低級的生物，例如蚯蚓將土壤改變，蜜蜂將花粉移殖，對其他生命均有重要性。此種「生態的均衡 ecological balance」，甚爲脆弱，向來被命名爲「大自然 nature」。人類在過去與其他生物一樣，在此生態的過程中充任了不識不知的角色。但富氏認爲現代的人類如能了解他在大宇宙中的任務，便應開始覺醒，而不再將地上資源浪費與大氣染汚，以致打破了生態的平衡。

（七）富氏提出他的理論如下：天文學者已知大宇宙正在進行擴張的過程亦卽同時損失熱能的過程，故宇宙亦受「無定因數增加的定律」之支配。但根據上文第（四）節，凡有正者同時必應有負，故宇宙中現在亦應有某種縮小的過程的進行，富氏認爲地球上面的大氣壓力有張弛的現象，而由此可覘到宇宙縮小之過程。我們的地球是不具輻射性的。地球自太陽收到能力，而所散失者則較少。從「地球物理年 Geophysical year」之研究中，我們知道地球每日收到約十萬噸的恆星塵 Stardust 故地球與其他相類似的億萬個行星，在大宇宙中正擔任着緊縮的職務。地面表土接受日光，各種植物的葉綠素將陽光之能力吸收，而不將之反射出去。土壤中之細菌與蚯蚓乃至地面之生物以至人類等，均在此生態的過程中，盡其職能。人類如濫用能力資源而不知保養，則不僅破壞生態的平衡，而更將大宇宙的擴張與緊縮的平衡加以破壞了。

（八）生態的平衡如從生物化學方面觀察，則更饒意趣。我們知道，一切生物均繼續不斷的將各種自外界收進來的原子重行安排，而有秩序的將之吸收至本身分子結構之中。每一生物品種，均從遺傳與環境兩方面將所吸進者加以安排，以便其「基因子 genes」可以適應或變更環境，而環境亦同時影響生物品種之行爲。於此我們可見太空中所有的恆星塵與宇宙放射線 cosmicrays 及其他輻射等等，均被地面之海陸生物所吸收與有機化。此種生物之生化活動乃係「反熱力函數的 antientropic」（即熱能不減低而反提高之義）地球成爲反熱力函數之中心，其他宇宙中之行星大概亦然。至人類則更運用其思想永久不停的來進行一切活動，以改造其環境。此爲人與其他生物不同的所在。富氏說加國麥吉爾大學神經學研究所所長潘菲爾德氏 W. Penfield 係全世界以「電極探量器 electrode probers」查驗腦神經之權威者。潘氏等學者業經查出各種「記憶儲藏庫之所在」。然潘氏特別指出：假如我們在各種有關神經系統基料 data 之上，另加設定一個現象，而名之曰「心靈 mind」，則我們解釋各種基料之工作，將較祗假定腦神經的存在遠爲容易。何以故？請用比喻來解說：我們雖有電話，有電線，有接線總機與代收信息器，以及儲存信息庫等等，但在各電線上所來往進行之各種談話，則無法用「物理的腦神經反饋作用 Physical brain feedback」，來加以解釋。富氏曾就此點詢問多數神經學者，他們提不出反對的理由。

（九）富氏因之認爲心靈現象乃是一種具科學性的「通則化 generalization」，而是絕無例外的。他又舉出其他的「通則化」，例如：「張力 tension」與「縮力 compression」係「同在的 coexist」數學上之此函數與他函數「同在 coexist」。如此推衍上去而抵達量子物理學與相對論。富氏認人之能推衍通則化之能力，與人之提出道義的教訓之傾向有關聯。通則化由繁趨簡，與數學上之「無定因數增加之定律」正相反向而進行。通則化乃是無定因數之減少，亦即是「進步的規律化之定律 Law of progressive orderliness」。富氏在一九五一年曾發表一書，指出人的心靈乃係宇宙間反熱力函數作用 antientropy 之最高的表現。如大宇宙正在繼續膨脹之中，則從邏輯而言，必同時有一縮小的宇宙。他設想人的心靈與其推衍之多種「通則化」（無重量的），正在縮小之宇宙中活躍。當前之形上學 metaphysics 正與物理學 physics 打對台 balance 大宇宙之物理的部分依循熱力函數而膨脹，而其形上的部分則依循反熱力函數 antientropically 而緊縮。富氏說他所著書出版後數月，有人報告他說文勒氏 Norbert Wiener（羣註：文氏係麻州理工大學教授「主宰控制學 cybernetics 」之父，亦係一位怪傑，名氣較富氏更大。）亦曾提出理論，指出「人係最終極的反熱力函數者 man is the ultimate antientropy 」。富氏於是與文氏約晤，而發現二人大致在同時從不同方面着手研究，而達到同一的結論。

（十）富氏說我們現在可以確認人在大宇宙中的任務（或「功能 function」）了。人對宇宙乃係盡一種「相輔相成的功能者 complementary functioning 」。此意卽謂大宇宙中之（一切的）人類將自身消滅，而使反熱力函數功能自宇宙中停止之可能性，係等於零，但此並非謂我等地球上的人類不會自殺而絕種，蓋依照劍橋天文學者霍艾爾氏所說，宇宙間有人類的星球，應當以萬萬計數也。更進一步而言，大自然爲了保持生態的平衡不變起見，勢必在各星球上對有希望的品種等增加其中數目，富氏關於此點，係同意霍氏之宇宙間有恆河沙數之人在恆河沙數之星球上之說，因保持生態之平衡並非易事，其中失敗者必甚多也。

（十一）最後，富氏指出現代人正在自不識不知之狀況中出來，而對重要的演化事件，來進行下意識的協調。我們曾經犯過多次錯誤，但已開始知道如何計算，而首次有意識的知道人在大宇宙中的責任。富氏對科學技術之發展甚抱樂觀，認其可以使人類不虞匱乏。人類過去對能力 energy 之利用甚不充分，且僅限於局部地區（例如美國東部）或為準備戰爭之用。在一九〇〇年全球祇有百分之一人類為「從事工業之有產者 industrial haves」。一九一七年一年中，自地下所開採而提鍊之銅的數量，超過該年以前全人類所開採與提鍊之銅的數量，因銅不僅被用於戰事，更需用以傳送電力。到了一九一九年全球人口便有百分之六從事工業，二次大戰時此百分比又升為百分之二十，而屆一九六五年則更升為百分之四十。（羣註：富氏在講詞中未說明其統計之來源，故其可靠性待考。）富氏讚揚少數之海權國家，因其使用金屬與發展工業及運輸事業。近年之進步則由於技術之革新，例如僅放送一枚通信衞星登天，便可以替代七萬五千噸之海底電線。人類如皆知當前一項最重要的問題，係如何將現在被使用的五金之工作效用提高，則全人類均從事工業的時代便將從速到來。富氏於結束其講演時，表示對戰爭危機之關切。他指出人類必須在進入烏託邦或遭全面毀滅之間，選擇其一。他對於政客完全不信任，但假如世界政權由政客手中，移交予類似他自身之科學家及技術師手中而後者所懷抱之形上的哲學，仍係功利主義實效主義倫理相對主義乃至共產主義時，危機是否可以減輕抑更爲加大，此點他則未提供說明。

肆、紐曼氏與艾狄華女士之審愼意見

富氏之樂觀意見雖可成爲一家之言，但現代學問家中與他的見解不同者亦大有人在。我們可舉出「競技理論 Theory of Games」創始者之紐曼博士，與女文學家艾狄華女士 H. E. Adivar，對科技時代人類命運之具含蓄性的與保留性的議論以爲例證。

紐曼博士係廿世紀數學家中之領袖人物，一九五四年被派任美國原子能委員會中委員。他在一篇「技術時代中人之生存」論文中指出，當前人類正在面對着由於技術進展而日益加速與成熟之危機。技術在直接間接雙方面雖均具有建設性且賦予人類以恩惠，但應用技術之後果爲加速的軍事上與政治上之不安定。他對㈠原子能，㈡自動機械運作，與㈢人工控制氣候，乃至㈣地面通訊之進步等均予以贊揚，但同時則憂慮到此等成就之不良的後果，特別有關在全球各地權力之平衡與制度上之影響。他深知人類對技術進展無法停止，而建議以停止運用戰爭爲國策，但後者仍係易於主張而難於實行。他的結論爲：當前之技術進展一方面具有建設性，另一方面則具有危險性。人類所面對之危機尚無良策加以制止，而祇能努力發揮其自身向來之善良品德以與危機相頡抗。此等品德乃係忍耐心，柔韌性，以及智慧是也。

艾狄華女士係土耳其文學家與哲學家，生平著作等身，影響及於回教以外之世界各地區。她說人類之智見與未來之展望二者粗看起來像是無牽涉，但實屬相互有關聯。科學的偉大成就雖僅來自極少數的天才與努力的學者，但已引起普通無識見者之一種浮誇的看法，有類於十九世紀初年學者之信條，謂「人能成就一切」。此種趨勢遂引導至運用權力來控制人生，最明顯的成果乃係人的生活與工作之機械化。自動機械之產生原意在給予人類以閑暇，但其結果則為人對機械之依賴，以及對價值觀念之喪失。機械化運動之進展產生日益增加之「大衆人」，赫胥黎式之「勇敢的新世界」，而人生之神秘性亦不復存在。現代對科技知識之追求祇不過產生日益增加之人口與戰鬥武器，且擁有最多與最佳的科學家之國家，行將有毀滅敵對國家之力量，而最終結果可能係全球式之毀滅。她說當前人類並未曾假手於科學技術以獲得有意義的生活，而祇是任憑潛意識之衝動來虛度一生。此種狀況使她回憶到基督教聖經中巴比倫城築通天高塔而終於失敗之故事。當時巴王自命為神，企求奪取天帝之位而代之，但在登天過程中有一蚊虫進入他的腦中，使他不得不常時以棍打頭方得安寧，終於頭骨破裂而死。現代迷信科學者堪稱為古代巴王之化身，為數頗為衆多，彼此之間正在相互對敵，且謀求爭奪上天帝位，而可能將茲世界全部毀滅。

伍、結論

我們將當前美國情況研考後，認爲富勒氏的天堂尚難實現，而艾女士所說之巴王築塔登天壯舉遭受蚊虫所阻止之故事，則甚爲適合於當前美國之情況。美國科學技術之扶搖直上，確堪與古巴比倫之高塔相比美，而巴王 Nimrod 氏腦中作祟之蚊虫，即是在美國久經開始而目前正在日益加劇的通貨膨脹。美國目前正處於巴王輕輕撫摩頭痛階段，但該危機行將逐漸轉劇，而與國際共產之外部侵略配合後，行將使此金元王國與科技溫床受到其歷史上最嚴重之打擊。科技民主等世俗信仰，正在面對具超越性之正義法庭，受到嚴重的考驗，而終將被迫接受其最後判斷。

原載五十七年五月新天地，經改寫並加補充。

從展望當前歐洲局勢來討論復興中華文化的重要性

壹、引　言

美國生活雜誌高級主編人法爾末氏近於訪問東歐及西歐各國後，撰有「展望一九六九年之歐洲」論文一篇，發表於一月廿日該刊亞洲版。該文對於近月來鐵幕內外因蘇俄進軍捷克所引起之大動蕩，有扼要而生動之描寫，對於歐洲各國之現狀與未來有所估量，而對於美國蘇俄及中共相互間之鈎心鬪角，乃至尼克森政府未來或有之政策措施，均加論列。其內容較一般報章之報告更爲翔實與深刻，值得吾人之注意與警惕。本文首將法氏論文擇要簡述，次則批判其報導之結論而討論世局未來之趨勢，終則對吾人之任務與希望，略陳管見。

貳、法氏論文內容擇要

（一）美國在冷戰中將被迫轉採「重歐政策」：

蘇俄以暴力進軍捷克，迫使美國在今年不得不將重亞政策改為重歐政策。希特勒當政時流亡來美之青年吉辛格氏，現為尼克森總統國家安全委員會議之助理一事，甚堪重視。法國戴高樂總統曾告人，謂捷克事變使伊於主政十年後，首次感覺大戰有重起之可能。此語意義深長，因戴氏不啻承認其與東歐衛星國暨與蘇俄復交之遭到頓挫，且連帶的使西德所追隨戴氏之政策亦需改變。現在羅馬利亞已召集工人國民後備隊，南斯拉夫亦已局部動員。匈牙利主政者卡多氏甚至認為冷戰在今年行將進入史太林時代之冰凍狀態，但此觀察尚無確證。

法氏於與南羅法德諸國官員外交家及報章主編者談話之後，認為鐵幕雙方國家正在進入「膠狀的」冷戰，既不全硬亦不全軟。過去吾人自信能知蘇俄領導者之動機，現在則未敢斷定，而對未來亦難下判斷。故應從蘇俄何以侵入捷克，作為新研究之起點。

（二）蘇俄侵捷為蘇彝士進軍之重演：

蘇俄之侵入捷克，為早經預定之計劃。去歲四月南國獨裁者狄多氏訪日本後經俄返國時，獲知蘇俄有此意圖，為之震駭。狄氏與卡多氏曾圖調解俄捷岐見而失敗。蘇俄終對捷大舉進軍，而重蹈英國於一九五六年會同法以兩國進軍蘇彝士運河區之覆轍。英國當時希望恢復在中東之聲望，與重行團結在解體中之帝國各邦。蘇俄在去秋則深懼捷克之實施改革，行將導致共產集團之解體，鄰接捷克之東德與波蘭共黨政權，亦深懼捷克於獲得自由後，對伊等自身安全之影響。更爲重要者，俄共對歷史與經濟之進程有其自身一套「客觀的」看法。正如吉辛格氏所言，蘇俄當政者於考量博得西方世界之好感抑爭取地域上或政治上之利益時，向來無疑問的選擇後者。

於此更應注意者，爲蘇俄對西德之疑懼，就中心理因素較大於對軍事力量之估量。南國某外交官曾指出：「苟謂俄國統帥部懼怕力量尙待充實之西德軍隊，自係荒唐之語，但（共產國）如與西德及其他西方國在經濟上相聯繫，則又當別論」。

蘇俄對捷克之疑慮有歷史的淵源。捷克獨立宣言係於一九一八年六月卅日在美京華盛頓公布。一九四八年捷克願接受馬歇爾經濟援助計劃，亦係被蘇俄强迫退出。此外各種理由，例如有人指出捷克主政者不能貫徹初衷，而權力旁落致改革成爲空談；又如俄人認捷人向係斯拉夫族人，羅馬利亞人則屬於具浪漫性而無危險的拉丁種人，對羅人可略寬，對捷人則必須牢握。說者更提出一種怪論，謂「社會主義的共產的國家」之最大問題卽爲如何設法提出一種官式的歧見 OFFICIAL DISSENT，而養成對之容忍的習慣。伊謂如此問題不能解決，則當前形態之「社會主義的（共產的）體系」能否存在甚屬可疑。

此卽是蘇俄本年在捷克所面對之難題。軍事佔領行動之效能甚高，成果亦輝煌，然從政治觀點而言，此乃係一種蘇彝士式之大失敗。當杜布賽克等被迫赴俄京，甚至遭受刑責時，無人能信伊等於逾四閱月後之今日尚能重掌政權。

現在則蘇俄在捷不得不費盡心力，與杜氏再次磋商，甚至發行地下報紙 ZPRAVY 以與捷克報紙辯論焉。

蘇俄在本國過去未嘗曾費盡心力求局勢之正常化，而耗時如此次在捷克之久者，故其原定計劃必曾於實施時被迫修改。此已成爲西方所確知之事實，其理由亦大致可知。但何以俄軍不在捷京重演出在匈京屠殺之故事，則爲值得研求之問題。

（三）捷京何以未重演匈京之悲劇：

於此應注意者，英國在一九五六年突然停止向蘇彝士進軍之理由，並非由於聯合國中世界輿論之反感（英國對美國所抱持之立場至今不忘），而係由於英帝國中其他組成分子之態度所致。加拿大對進軍之舉態度冷淡，印度則對之大肆批評。當時更傳有（英鎊集團諸國）向英國提出存款之威脅，而有將世界貿易所應用之兩種貨幣之一種（卽英鎊）毁棄之可能。故蘇彝士事件之結果與原定目標正相反對，而實引致了大英聯邦之解體，乃一明顯之事實。

俄軍開入捷克之後果亦復相類似。正如狄多氏所預言，斯舉旣不能解決舊問題，而反足引起新問題。所謂俄國單獨有權在一「擴大的蘇維埃聯邦」中以武力干涉其他共產國之學說，乃係一種事後飾詞說理之掩蓋的說法，久為其他共產國所厭惡。但此說之存在引起了一種問題，而祇有蘇俄方能對之提出答案。進軍捷克是否係百分之百的自衞舉措，抑係為了保障華沙協定諸國之西部防線，而係別有用心的將強有力的俄軍駐於捷德邊界，再者是否羅國乃至中東將為其下一步驟之目標，均為尙待解答之問題。

兩年以來，羅國不斷的批俄共之逆鱗，而未遭反擊，頗使西方觀察者驚訝。此其答案應從地理的與心理的兩方面因素之綜合處覓取。羅國與蘇俄所最畏懼之西德，無共同之疆界，且不容許捷克型的論調例如「（充任鐵幕）雙方的媒介」與「公民自由權利」等等在國內流行。羅國雖曾有抗蘇之表現（例如在去歲匈都國際共黨領袖會議席上之拂袖而去之舉動），但其政治仍係史大林式之多方管制，其共黨領袖壽薩斯柯氏。N．CEAUSESCU 亦不會將社會（共黨）政體清算。故俄共直至今日尙不認為羅國應被軍事佔領，斯舉可能永不會實現。

（四）南國重行檢點廿年前之國防方案以備萬一：

中歐諸國認為中東之危險似更具有可能性。南國在地中海與亞得里亞海濱望見蘇俄艦隊往來巡視。但從地圖上可覘察俄國通往中東之路適距南國「前廳 FRONT PARLOR」不遠。俄國在任何公海上例如地中海或甚至加勒賓海游弋係完全符合國際法的。但俄國派遣有力艦隊至接近美國經常守護之海道上巡遊，殊不能避免引起對其動機何在之詢問。

此種問題之提出不牽涉共產之意理見解。今日在歐洲中部企圖討論有關馬克斯辯證法之爭執已日益困難，因無人對之發生興趣。但捷克之被佔領則在羅南諸國重行喚起了對於遠較共產主義古老之「大俄羅斯型的帝國主義幽靈」之回憶。德國慣用名詞「高壓力 DRANG 」業已重行被用爲口頭禪。過去德國標語爲「向東方施壓力」，俄國者則爲「向南方推進」。卡賓琳女皇於一七七〇年派艦隊進入地中海，英法聯軍於一八五零年在克里米亞對俄國戰爭後，阻止君士但丁堡之陷落。當俄國聲稱將以地中海爲其內海時，中歐諸國之緊張正與美國派艦經過達達尼爾海峽而進入黑海時，俄國之緊張相同。

法爾末氏詢問南國一位政策制定者，謂俄國既已成爲一重要的海權霸國，則其陸軍爲何必須再在陸地上發展（例如將南國佔領）。其人答云：俄人現在對於散布全球各地之海軍艦隊之作爲權力工具而運用，尙不習慣，故不能與過去之英國人相共論。南國人自信了解俄人之軍事心理，後者堅持須牢握陸上之一切力量。

南國人對於俄人所提出社會主義的（共產主義的）邦聯一名詞感覺不安。南國自認係一共產國家，不屬於任何邦聯 COMMONWEALTH 。如俄人認華沙公約卽係邦聯時，則南國亦非華沙公約會員國。俄南關係自五十年代初年以來，至去多而下降達於最低點。

一位南國將軍於討論軍事設計時率直答覆云：「此事並不困難，吾人祇需將一九四八年所擬就之計劃取出，略加「拂拭」，便可適用。此計劃係狄多氏與史大林氏絕交時所擬就者，當時南國與義國關於屈里艾斯德港問題尚有爭論，故南國軍隊在義國邊界布防，雖於一九五四年屈港問題解決後仍無多變更。迨去秋捷克事變起後而情形驟形改變，南國統帥部不復注重西線防務，因已知其假想敵爲何人矣。

中歐國家所最畏懼者，爲蘇俄於第三次補充阿拉伯諸國之武裝後，下一次阿以開戰勢將引致美蘇之敵對，而將巴爾幹乃至歐洲均捲入原子戰渦中，後者並非雙方霸權國家所希企者。地中海上鬪法所引起之局勢，並非五十年代乃至六十年代初年之北大西洋公約所應行處理之任務。南國既不屬於華沙公約，亦與北大西洋公約無關連。

中歐諸國因捷克被佔領，而覺悟到俄國當政者判斷力之不可信任。伊等既對一局部政治情況，本應有正確情報者，而竟下了錯誤之判斷，則伊等對中東局勢亦可能產生錯覺，而引致全球性的後果。

（五）歐洲當前之情況：

現在可對捷克事件發生後之歐洲情況加以考量，以與一年前之情況相比較：

（1）英國仍在等候經濟奇蹟之降臨，後者雖久已被邀請，但遲遲不肯到來。英國之加入歐洲共同市場，短期間尚不易實現，因雙方均感代價過高而無力擔承。又次則有一不易解釋之怪論，亦卽是：戴高樂氏去歲十一月所採取保護法郎使不貶值之措施，可能爲使英鎊不再事貶值之主要理由。當時英鎊之遠期交易，已低達每鎊僅值二美元三角四分，而戴氏突堅決拒將法郎貶值。（游資紛紛自法國逃出時，英鎊乃轉危爲安）。有一知名之英國人士詢戴氏云：「外國人士何必繼續不斷的討論英國如破產時其局面將爲如何？英國現在業已破產矣！此種情況向未發生於一種現代的已開發社會之中。我等將何所作？豈必需待尾掛樹稍（頭對地足朝天）而後已乎？」

（2）法國去歲在經濟上大受打擊，但仍奮鬪不認輸。在春秋兩季之暴風雨中準備金損失約折合三十億美元，其餘四十億美元數額應足以保護法郎使勿再下跌，但須以戴氏之政治基礎不再遭侵蝕爲前提。捷克事件間接的引導去冬十一月之貨幣危機，因法國商人之從事巨額貨幣購進售出者，甚易受世局變動之影響。蘇俄之軍事行動，在五六月間學潮工潮甫經恢復時期之後，而重行引起不安之感。投機者直至最近爲止獲利有限，但巨額資金之自法國流往西德及瑞士者亦尚未「回籠」，就中大部分最後進入美國，而將美股票市場抬高。法國國內通貨膨脹情形嚴重，薪水階級受盡剝削，學生與工人仍可能有示威表現。然戴氏爲一不會屈伏而將法郎貶值之人。伊寧奮鬪到底，雖至船沉海底時大炮仍當放射不停而人船並亡也。

（3）西德爲歐洲最富足之經濟社會，但德人旣不忘紅軍之近在咫尺，又不願如過去之無條件的信賴美國願確保西歐安全之承擔。當各國中央銀行要人於去歲十一月會商阻止通貨危機時德國實際上採取獨立的姿態。其經濟部長與財政部長率直的拒絕將馬克价值提高，而給予美英法三國以自第二次大戰以來所未曾有之冷淡答復。德國已厭倦多黨聯合內閣，亟願有一以德國爲重而肯負責任之人，有如過去之阿特勞氏。近有一雜誌測驗公衆所喜之無權而位尊之總統人選時，以威廉皇帝之孫得票最多。至總理一席則以財政部長斯特勞氏較得人望，惜其巴佛利亞州之政治背景，難免引起反對之聲浪耳。如美國去秋同意簽訂禁止擴大核子武器公約，德國當時或可亦應允參加；但今年縱美國願簽字於此公約，德國恐未必亦肯贊成追隨。蓋德國之大選將於本年九月舉行，故此公約行將成爲政治競賽中之「足球」也。

（4）義大利在經濟上情況相對的良好，（義幣平價可能係屬過低而需提高），但在政治方面則局面甚不安定，前途頗有隱憂

（5）歐洲共同市場現在消沉狀況中，需俟法國恢復均衡後方可有起色。

（6）北大西洋公約各國於去歲十一月所召開之部長會議，乃係因捷克事件爆起後而提前一月召開者。據英國某方面所指出，此會僅屬於「公共關係（門面）之性質」，蓋因西方青年對該公約無認識，開會所以表示要人等之忙碌也。茲公約之將來實有待於美國對歐政策之重行厘定REDEFINITION。尼克森總統大體上似有意將公約強化，及促使法德兩國增進聯繫，但此實非易

事。吉辛格氏不贊成玩弄「手法 DIMMICKRY」，且已反對具爭辯性的「多層部隊 MULTILATERAL FORCE」之建議而將之完全擱置。吉氏傾向於步武前任策略，與歐洲逐件覓求解決（例如有關原子能的事件），而不主推動時機未成熟之將歐洲政治型作超越國際性之新組織化。

（六）蘇俄豈將在南國進行越南式之游擊戰乎？

華沙公約在蘇俄繼續其中央集權管制前提之下，實爲一應被重視的武力工具，經過捷克事變之後其軍事力量較前更大。

南斯拉夫隨時可被攻擊。北方俄軍可經由匈國南下，東方俄軍布軍可開進馬其頓尼亞，而南國都城易被佔領。南軍際此時當退入山區，以從事游擊戰，而盼望難能實現之事出現，例如美國自空中投送補給之類，不問南國是否將繼古巴之後而引起美蘇兩强在地中海之鬪法，蘇俄勢將難免在南國遭遇到越南式的戰爭，而此乃方是眞正的民族解放戰爭，足使赫魯雪夫理論遭受自食其果之報應的。

羅國對美態度尙佳，主政者壽氏於尼克森氏前歲訪羅時招待頗週，而波蘭當局則拒絕尼氏入境之簽證。故壽氏等有理由譏笑波蘭當局之缺乏智見。壽氏等認尼氏應能設法結束越戰，同時伊等亦知如俄軍開入羅國時美國勢難爲力。壽氏於俄國駐羅大使在捷克事件發生而來謁之後，則將對俄批評之聲浪抑壓下去，並曾勸告捷克當局應尊重其被迫與蘇俄簽訂之條款，而將之實行。此後俄人勢將繼續對羅施用種種壓力，甚至要求春間在羅境舉行華沙公約之軍事演習。

（七）美蘇未來之談判，以及「中共之魔夢」

過去共產諸國團結力已形薄弱，近一年來更趨惡化。本年五月間所召開之國際共產黨員大會，將表現一種不會高於去秋美國民主黨在芝加哥城所召開大會之精神。中共俄共之分裂無望復合。法義兩國共黨因沾染上小資產氣息而偏袒捷克方面。阿爾巴尼亞與其支持者中共相距過遠。對此種四分五裂之共產運動而欲恢復中央管制恐非當前的乃至未來的蘇共領袖之能力所能做到，而祇有借助於紅軍的武力以重施史大林的軍事獨裁，方可將之實現。此正爲蘇共領袖所力求避免的。捷克事件足以證明伊等尚不知如何應付各國共黨之傾向於發展其各個民族之利益者。兩年以前在若干例如布匈等國之頗有希望的「自由化 LIBERALIZATION 趨勢，現在業已名存實亡了。

歐洲東西方的武力均勢因捷克事件而失調，大批俄軍進入較一年前遠在西邊之駐在區。但此舉尚較輕於三十年前慕尼克協定將捷克前途毀滅所引起西歐之混亂。當前眞正的混亂乃係在共產世界本身之內。蘇俄因軍事行動而政治上付出極大的代價。俄共對此點似已有領悟，而於無法覓到可以替代當前的捷克政府之後，給予世人以對下一步驟之舉棋不定之印象。

於茲應注意者乃是：俄共仍然保留與美國相互交談之途徑，而建議開始談判雙方減少原子武器；且美國亦不反對直接與蘇聯開判。例如雖在大選進行時，美國仍不顧甚多次歐洲人士之失望，而對去歲八月之捷克事件祇表示輕度的官方之不滿。詹森總統於蘇俄大使至白宮報告事玆件時，尙與之擧杯飲酒交談。波爾氏在聯合國會議席上之講演，爲唯一之美國的良心之公開的表示。而詹森氏（據報稱）有關召集另一高層會議之試探（正在俄軍進捷克之後），無疑的曾促使波爾氏辭去其駐聯合國大使之職務。吾人無法否認之事實，爲白宮與克寧宮之間之直接電話繼續被使用，而在一種非軟硬之膠狀的冷戰中，此種事態足以證實法國史學家芮恩柯氏所提出之一種理論。

芮氏理論係足令人煩惱的，特別使奮式追隨威爾遜氏理想者爲之不歡。在他之最近著作「美國帝國論 AMERICAN EMPIRE」書中芮氏迴溯而令人憶及「西方沒落」一書之作者斯賓格勒氏。芮氏主要論點乃是：美俄兩國之實力既遠在其他一切國家之上，則防阻原子戰的主要任務必須由美俄兩國擔承。芮氏謂歐洲國家當然可能對此事實不滿，但歐洲實力既已在兩次大戰中消耗，且英法兩國十二年前蘇彝士軍事行動之失敗復足以證實此等國家在全球事務上之相對的無力量。他的論理係「法蘭西式的邏輯 Gallic logic，卽是：如果一種歷程係無可避免的，則此歷程必有其價值。

尼克森總統在競選時似曾承認未來之四至八年爲美蘇交涉期而非對抗時期。尼氏曾提及擬與蘇俄擧行經常而不定期之最高層會談。此種雙邊外交之進行定必引起法國德國等之魘夢，而懷疑歐洲可能被出售。同時中共政權亦可能同樣感到魘夢而不安。

中共雖有原子彈，但尚非一種超級霸權國家，且或永不能成爲一强國。中共在亞洲之生存有賴於美俄兩强之持久的對立。因之在美國大選決定新總統人選之後，中共有關越南戰事之宣傳，曾繼續反映對全球性的美俄協調之畏懼。因之在美國大選決定新總統人選之後，北平方面曾有暗示，謂與美國共存乃是並非不可能的。與此同時的乃是，尼克森總統之公開的宣言中關於高階層會談之主張，係與芮恩柯氏歷史理論相符合，故美國新政府甚有可能對遠在一八三〇年另一法國學者之有關美俄兩國的預言加以證實。當時託克維勒氏在其「民主政治在美國」書中，曾寫有如下之文字：「俄國與美國出發點不同，所經過路途亦異；然上天意旨似曾安排使此兩國中之每一國家來決定一半地球上人類之命運。」

參、對法氏與芮氏意見之簡評

以上法氏對歐陸諸國近月來情況之報導，以及在本年內可能發生變化之蠡測，甚值得吾人之注意。文中指出蘇俄在捷克軍事行動之不良的後果，乃至今年世界共黨會議之難以達成其團結一致之目標，固足令吾人興奮。然其結論乃是：今後世界當爲美俄兩大霸主之抗衡與謀求妥協，以及歐洲諸國及中共政權與美俄間之乍分乍合忽敵忽友，而認此種狀況卽係一百五十年前法國哲人託克維勒預言之實現，則吾人殊不能不表示異議。

法氏之結論係根據當代法國學者芮恩柯氏著作。芮氏在近著「美國帝國論」之前，曾著有「世界之頂」一書，討論西藏在地緣政治上之重要性，與「中國之靈魂」，「印度之靈魂」，以及其一九五七年著「未來之愷撒」等書，以喚醒西方人士，謂其文明（以美國爲重心者）正在日益遭受「愷撒主義 Caesarism」之威脅。在「未來之愷撒」書中第二十章，芮氏討論「新羅馬時代之黎明」時，卽曾指出英法德義日等列强於第二次大戰後實力喪亡，而美俄兩國乃成爲僅存之霸主。伊續論曰：「今日最顯明的事實，爲茲世界軍事力量與地緣政治兩方面，適有兩霸權國爲旗鼓相當之均衡。就中一國管制地面海權，其中心爲『美洲之陸島』；其另一巨無霸則爲橫貫歐亞大陸中心之統治者俄國。此種將全球平分秋色之分割與制衡，係由於一簡單之理由，卽是：「海陸霸權無法互相呑併，正如踞山之猛虎不受搗海的鯊魚所威脅相同。雙方各擁有衆多之原子彈以及空中力量，互不相下焉」。

芮氏於引用託氏預言（見上文）之後，續徵引古代希臘波斯羅馬時代東西方角鬥之例證甚多，其大旨頗近於蘇、張、韓非等權力政治之論點，而祇於討論到麥克阿瑟元帥之坐鎭日本，以及古羅馬共和國茹苦樂斯將軍之掃蕩東方亂事時，方有與道德相符合之議論。伊謂麥帥與茹將軍同係懷抱有原則之保守主義者，同反對其本國之帝國主義與功利主義之政策，而努力綏撫當地，求秩序與治安之建立。麥帥遭杜魯門總統之免職，爲美國承認東方赤色霸權之開始。茹氏在西亞之取締羅馬資本家、稅吏、及高利貸者，深得當地人民愛戴；迨伊被免職召回羅馬後（紀元前六十七年），密斯利黛特之革命力量遂重行高揚，以致以後羅馬元氣大傷。

吾人認爲芮氏之論祇可視爲一種具體而微的湯恩比或斯賓格勒等新的著作，而不能與中國太史公或司馬溫公等著作相提共論。在今日科學技術突飛猛進，地球日益縮小，人類思想文化日益加速交流之時代，而信賴共產霸權與自由世界可能維持於長期對峙之冰凍的和平狀況中，恐祇係玄想而已。鐵幕內之傷天害理殘忍冷酷的政治，與其民衆之全心要求自由之呼聲與行動，以及西方世界青年大衆之濫用自由而放蕩形骸，與負責掌權人士之重利輕義舍本逐末之現象，正在齊頭併力的向前競賽，而其進行並不依照一公平之規則；其結果亦將僅爲再一次之大災難，而不能引導至千福祉年。共黨方面深知僵持局面時間過久後，其政權必然崩潰，故急於在自由世界局勢混亂時進行種種侵略破壞之陰謀，且不惜以其武力爲後盾。自由世界因懼怕原子戰而畏首畏尾坐失機先，以致實力逐漸被消耗，且其政府中與學府中之「自由主義者」因病劇而諱醫，反堅稱與共黨可和平共存，而且日益步向戰國時代之六國，與南北朝時之梁陳。故芮氏之理論適足供應伊等藉口，以作爲西方領導者美國之國策目標。此誠爲不幸之事，吾人所不得不明白指出者也。

更有進者，依照中西歷史，三角或多邊之權力集團共存形態，通常較直線兩端之力量易於維持均衡。當前中共之與蘇俄分裂，以及義大利加拿大等國之故意的與美國對華政策發生歧見，似可解釋爲此種政權等對「美蘇主宰世界論」之一種反感。美國在二次大戰末爲全世界之道義的武力的與經濟的力量之領袖，經過多年來玩弄權力政治而失敗之經驗，其道義的聲望與武力財力均遜於前，至今日已幾達內外交謫力不從心之艱局。其唯一之希望，端在反共有經驗，而做人似乎遵循原則之尼克森新總統之將局面轉危爲安。此後尼氏任內短短數年，將爲決定人類前途之重大關鍵。武力與政治經濟因素固屬重要，但道義的立場實爲更基本的前提。

吾人認爲蘇俄今日並未能避免種種危機之出現。蘇俄立國逾五十年，而某種黑市尚仍然存在，民衆購買若干消費品時仍需排班等候。重要物資等如石油等已供不敷求。蘇俄於將海軍急激的擴充後，竟儼然視地中海爲其內海，並準備於蘇彝士運河交通恢復後，向紅海暨波斯灣石油區覓展進，則因其缺乏動力資源，而不得不挺而走險。故蘇俄已逐漸自大陸國轉而擴大其海上權力，並不肯如芮氏所論僅以陸上之猛虎自居也。俄共與中共實同係濫用民力以對外從事侵略者。與此等政權談和平，豈非「與虎謀皮」乎？

西方諸國對蘇俄（與中共）政權愈表示親善與愈求其諒解合作，則愈使共產國內痛恨暴政之廣大民衆，對此種西方僞善者之姿態感覺痛心與失望，而有助於暴政之不必要的延長。從此觀點而言，捷克當前主政者以及其民衆與青年等之勇敢的表現，實可與吾國秦末陳勝、吳廣等起義兵之精神相比美。法氏之報導，紐約時報之社論，以及參議員傅伯萊等之主張，僅從軍事政治經濟外表立論，不能與吾國古代辛有，王孫滿，吳季札等人之觀察入微能見其大之議論相比。

肆、當前時會中的自由中國之重大任務

茲請對自由中國在當前時會所應盡之任務，略陳鄙見。吾國之基本國策為收復大陸重建中華。際此蘇俄遭受捷克事件之頓挫，毛共在大陸亦處處遇到嚴重抵抗時，自當一本初衷，努力求既定國策之早日貫徹。法氏文中所述美國政策之行將由重亞而轉為重歐，以及與毛共之謀求接觸，並不一定即對我國不利。蓋美國如在歐增強力量，則勢必由於俄共之新的企圖（例如對南羅等國之威脅）；後者可能使國際共黨更趨於分裂。且克林宮內部並不穩定，美國專家阿索普氏近曾指出其掌權者可能藉口於週前太空人遊行時之暗殺企圖，而重興史大林式之內部清黨大獄。凡此種種均將與對越和談相似，祇有增加自由世界與共黨國家相互間之糾纏與困擾，而絕不能達到任何問題之圓滿的或徹底的解決。吾人所必需具有之正確認識，即是：在西方列強對共產國家進行權力政治之讓步外交時，任何談判將永無結束或成功之望，因繼續談判為擴大西方內部動亂之重要手段，且共黨政權絕對不能亦不願與自由世界共存共榮故也。

復次，當前之世界已有如一位表面上紅光滿面忙碌異常，而實際患有精神分裂並白血球日增

全身漸覺疲勞，有類似攖癌症之病人。此君旣需淸心寡欲檢束其行爲，同時亦應對其病症施用刀鍼藥石徐圖復元。但其人則反而自我陶醉謂自身每日每時均在進步發展之中，而不忙於請敎醫師。事實上則其人自身之（主管道德的良心）超自我的意識 Super-ego 已漸漸消失，其「潛意識 unconciousness」（借用佛洛依特氏之 術語）則任意發展而漸有種種乖僻放浪之表現。

我中華民國國民此時在世界上，實係與各國之明禮義知廉恥負責任守紀律之正當人士，共同負起此病人之超自我（良知）的責任，而對潛意識橫行之毛共政權所短期控制之大陸，係進行徹底的治療與改造者。此擧如克成功，則病人之沉疴走向回頭之路，俄國繼之而被治療與改造當爲順理成章之事。如我國不能重光大陸再造中華，則遲早此病人將致發狂失血，亦卽世界將遭遇極大之災難。芮氏法氏所見到之美俄共同合作控制全球，無異於使超級自我（良知）向潛意識投降而使後者表面化，亦卽承認放僻邪侈殺人欺詐爲合乎道德，其後果非吾人所能想像者也。

更有進者吾人須知近四百年來之人類知識進展，主要的祇係用於探查開採利用大自然之資源方面，而不知愛惜的將之浪費糟蹋，並不顧到生態的平衡之建立。過去者爲英法等帝國之興起與崩潰，現在則爲美國之技術與資本在各地與共黨暴力抗衡，總之全球無法補充之資源，正在逐漸減少。此種情形，有類於大觀園中賈氏家族之不知天高地厚，而自貽伊戚。此在古希臘名爲「狂妄 HUBRIS」，行將遭到女神尼末西斯之「天罰」。廿世紀與歷代末年情形，堪爲佐證。芮氏書中第二九四頁有如下之一段議論：「美國資源已不及過去之豐富矣；據一項估計，在一九五五年美國所消耗之原料替超出其所自產者百分之十，而在本世紀初年則所自產者較所消耗者多出百分之十五。在一九五七年美國將『世界上無法重新補充之資源』半數消耗，而估計照當時耗用速度推算，屆一九八〇年時美國消耗率便將占全世界者百分之八十三。且原子能之應用並對此無補，因其祇係以一種原料替換另一種而已」。芮氏續謂在不遠之將來，美國全部鋼鐵業所用之鑛沙，必需來自國外，而其對中東石油與馬來亞錫鑛之依賴亦異常迫切。

最近巴黎快報主編者塞梵許萊柏氏，著「美國的挑戰」一書，詳述美國之「技術革命」在近年進步之情形，而歷敍歐洲若干重要關鍵工業之爲美國大企業所掌握，主張從速應用美國管理方法重振歐洲工業，並改組歐洲共同市場而邀約英國合組聯邦以相因應。此書亦係指美國資本之變質，有步向帝國主義之可能，而主張歐洲在經濟上應維持其獨立性的。

吾人僅憑此種鱗爪式之報導，卽已足徵見當前世界之工業有如一頭巨怪，正在狂吞地面與天空海底之資源，以縱容增加如潮水之人類，將之消耗與浪費，並無視人類之相互殘殺，而不計及其將來後果。故共產世界與自由世界之爲了工業資源之控制而爭鬥，恐終將成爲廿世紀後期之最嚴重問題。吾國在過去幸有眼光遠大之先人，將西北、東北、西南各地資源大部保存，一面則在東南沿海逐漸增加海濱鹽田農田以利用厚生。故將來大陸重光後全國上下利用現代新技術而開發固有之資源，不需半世後吾國便將成爲全球之第一位農業與工業國家。此皆由於前人審愼保守所留下之寶貴遺產所致也。十九世紀學者託克維勒氏，如早生數十年而考察中國，當不會認爲祇有美俄兩國方係承天之命而主宰世局的。

然人並非祇賴麵包而生存的，更爲重要者，乃係前人所耗費心靈頭腦而遺留下之文字學術，與人生經驗及信念（總名曰文化）。吾國文化之中含有無數寶藏，尙待吾人潛心默想，並用現代方法將其精義殫發，以企於拯救大陸同胞後，更克能遏阻此當前兩大集團因爭權奪利而瀕於狂瘋式之鬥爭，而導使其遵循正道勿走邪途。此乃中華文化復興運動之主要任務。

伍、結　論

當前三民主義信徒之中國青年，必須體會其本人承先啓後責任之重大，與夫世局混亂情勢之嚴重，而確認中華文化之復興，乃挽回世運之重大關鍵。吾人必須確認：一半自由而一半奴役的世界是不能繼續存在的。自由並非放縱，富裕的社會並非僅有財富與享受而已，更重要的乃是道德的自我約束與建樹，以及天與人，人與人之間的精神交感，一種信仰的與倫常的，有類於一個磁力場而非一盤散沙的社會。華夏民族之能綿延攸久，即因其有此種優良的精神傳統，而方能屢仆屢起，衰而重振。復興中華文化的重要性，係因我們的精神傳統，不僅爲大陸同胞所需要，並可對當前全人類有貢獻。此傳統久歷風霜，卓著成效，非黑格爾馬克斯或芮恩柯等人之主觀的「邏輯」所可相提共論。

「人生自古誰無死，留取丹心照汗青」。今日誠爲人類歷史上最危險的時期，亦爲最有希望的時期。危險來自共產邪說，與共產國之侵略，而自由世界中膚淺的思想家之過分樂觀看法，亦不能逃避責任。希望則在吾人痛定思痛後，將最古的而有經驗的先人訓示，與最新的科學技術成果相配合，而於拯救大陸同胞後領導人類步出陷溺在八陣圖中之絕地以重登坦途。此所謂將倫理民主與科學三者之結合，非眞誠信仰三民主義之中國青年，不能擔當任務。「鐵肩擔道義」此其時矣。中華健兒乎，曷興乎來！（完）

五十八年三月自由報

杜爾斯氏逝世十週年感言

美國艾森豪總統任內國務卿杜爾斯氏，逝世於一九五九年五月，迄今已屆十週年。杜氏生時致力於遏阻國際共黨勢力之膨脹，曾不避艱辛僕僕載途歷訪自由世界各國，以訂立多種公約與協定，而企求保持世界和平。就中尤以民國四十四年三月與我國所簽訂之中美共同防衞協定，使我國得以從事經濟與社會建設與充實軍事力量，以作反攻大陸之張本，收效甚爲宏偉。但其他各種互助防衞公約，則成績不盡如預期，而就中北越於一九五四年七月在日內瓦簽訂停戰協定之後，多年來更處心積慮的不斷向南越暗襲明攻，迨杜氏逝世後，南亞局勢遂日臻惡化。此外不問在中東、北非、中歐與西歐，乃至南美各地，當前國際情勢均較十年前杜氏任內時爲緊迫。卽美國國內亦發生種種事態，足令其仇者快意親者痛心。杜氏苟地下有知，當必撫膺長嘆也。

杜氏出身於美國外交世家。其外祖伏思忒氏在十九世紀晚歲，與姻丈蘭辛氏在本世紀第一次大戰時，均曾膺任爲國務卿，伏思忒氏且曾勸告李鴻章氏，謂中國亟應變法圖强，俾中美兩大國携手合作後，克以維持太平洋區域之和平安定。故杜氏對於羅斯福總統與蘇俄所締結之雅爾達協定之嚴厲批評，實有其深遠之理由，而非僅由於共和民主兩黨間政見上之歧異也。

杜氏得艾森豪總統之衷心信任，合作無間，與劉先主之信任諸葛孔明氏甚爲相似。當民國四十四年與四十七年，中共不斷炮擊金門島時，全世界連同美國國內之姑息主義者大事叫囂，要求美政府設法迫使我國退出金馬。對杜氏更冷嘲熱諷，極盡攻擊之能事。此等叫囂之終於無效者，主因固爲我國朝野上下之意志堅强，與三軍將士守衞有方。但杜氏對艾總統進言之有份量，使美國政府不爲浮言所影響而減少對我方之協助，其貢獻殊未可埋沒也。

杜氏深切了解共產主義之邪惡，與共產世界之內部弱點。故其政策爲主動的對俄共中共勢力向外擴張之正面防阻，而不稍退讓。例如改變杜魯門艾契遜兩氏之重歐輕亞政策，促成德國之重行建軍，及將等於六個師團而擁有戰術性的原子武器部隊駐於德國（非法國）境內，乃至對南越共和國之大力扶植等舉措，均爲艾總統任內之傑作。至於（一九五六年）迫使英、法、以三國聯軍之放棄向埃及進軍，尤足徵杜氏見解之正確。此種種舉措使杜氏個人遭受最嚴重的攻擊與誣衊，但歷史終將證明杜氏之有遠見，可爲斷言者也。

當艾總統於一九五七年宣稱杜氏爲美國歷史上最偉大之國務卿時，杜氏實早已攖不治之癌症，而仍努力奉公未遑休息，終於二年後鞠躬盡瘁，死而後已，此堪與諸葛孔明氏相輝映矣。名記者克洛克氏 A .Krock 在其「從事新聞六十年備忘錄」中，指出艾氏在八年總統任內所遭遇到最嚴重的負擔，旣非參議員麥加錫氏之囂張，亦非參議會對原子能委員會主席斯托洛斯氏之反對，而係杜爾斯氏之溘然長逝。

最近艾氏以七九高齡謝世，備受擧世各方之哀悼與崇敬。同時美國總統亦由過去與艾杜兩氏沆瀣一氣之尼克遜氏膺選。但美國與世界局勢均較十年前情況更爲艱鉅，姑息主義者之大事叫囂，與示威青年之種種口號相呼應，俄共、中共，乃至北越、北韓之猙獰面目，亦全部顯露。當前西方世界所眞正需要之領導者，在於能踐履篤實、言信行果之鬬士，而非炫浮華、尙權術、言行不相符之政客。今日之尼氏與其同志者，正在面對古代脩道者所遭遇之魔鬼式的嚴重考驗。其成功失敗實與人類之命運相密切關聯。孝威將軍爲當今之魯連高士，久以知機察微馳譽當代。玆於杜氏逝世十週年時徵集紀念文字，用意至爲深遠。謹不揣棉薄寫玆文以歸之。

五十八年五月十二日香港天文臺雙日刊

海約克氏之「兩種理性主義論」概述與評判

壹、引言—當前世界之危機

近若干年來，西方文明內部發生變動，其震幅愈來愈大，其危機徵象亦愈來愈明顯，英國約克大主教加拔特氏一九五六年在他的名著「革命時代」書中，從基督教的立場指出人類正在陷入於歷史上最嚴重的一次危機。他所列舉的三大因素乃是第一、人類對基督教信仰與道德之擯棄；第二、（共產世界）對西方文明之毫無妥協性的攻擊；第三、東西方在社會與經濟方面之嚴重的動蕩。美國社會學者（現已逝世）密邇斯氏在他的（一九五八年）「第三次世界大戰的起因」書中，則對美國的政界軍界與財經界領導集團大事批評，並堅稱此等人士所準備之戰爭（而非蘇俄之各種威脅），實在是美國之眞正敵對者。曾任艾森豪總統任內之重要助理現爲專欄論文作家之許士氏，在他的（一九五九年）「易敗的美國」書中，聲言全美國人民正面對歷史的審判，如被判無過失時，僅不過在短期間能暫享自由，而隨時仍可被提回覆審，如被判有罪時則將在原子戰中喪失生命，或至少終身將被罰作苦工而不見天日。密氏與許氏同係姑息分子，其議論指責本國者較嚴而斥責共黨侵略者則較寬。公正人士例如原子潛艇之父李可佛中將則謂一般人認爲科學技術進步後，摩西十誡便已過時失效，同時復不知愛惜自然資源而將之任意浪費，此均係重大的錯誤。原子與地質化學家布朗氏亦謂當前過分重視科學技術之人類實面對着兩種危險：第一、僅憑刀槍等武器不能推翻暴政，故獨裁式政體易於持久；第二，對科學進步過分的信任，遂忽略了未來之難題，例如軍備競賽與人口激增均非科學技術進步所能解決。布氏結論謂他與對技術文明有精深研究之權威學者孟復德氏同調，深信當前人類「應回到我們祖先的人文價值」。

美國前總統艾森豪氏於逝世前撰文，呼籲美國人應避免現代之極端思想，而尊重理性與謹守中道，他同時堅信大多數美國人於面對危機時，終會得發揮其良知，而將愛國情操與人類間的諒解，置於個人的偏見所產生的傲慢自大之上。

本文作者同意艾氏與加主教及李布兩氏之主張。在本文中我願將經濟哲學家「到奴役之路」名著作者海約克氏有關理性主義的哲理議論概要提出，並將之與中國儒家思想相比較，而藉以說明重振中西正統哲學之重要性。

貳、簡介海約克氏與其重要著作

海約克氏 F.A. v. Hayek 係著名奧國學派經濟學者，一八九九年在維也納出世。他於一九二一年自維也納大學獲得法學博士，並在該校任敎。一九三一年赴英講學，任倫敦經濟學院敎授。一九五〇年赴美在芝加哥大學任敎，一九六二年起任德國佛萊堡大學終身敎授。海氏生平著作等身。其中有多種譯成各國文字，爲舉世學子所傳誦。二次世界大戰後他與米塞斯、儒伯克、羅賓斯諸學者組織帕勒雲山學會 Mount Pelerin Society，曾來華講學兩次。本文作者於一九三四年冬間訪英時曾與海氏晤談，邇後對他的主張之表現於以下數書者印象深刻難以忘懷：㈠物價與生產，㈡個人主義與經濟秩序，㈢到奴役之路，㈣科學之反革命。本文著者在三十年代對凱恩斯氏學說頗有信仰，自獲見海氏之著作後，遂對凱氏的「救世方策」始終懷抱戒心，前歲海氏來臺講學曾於晤會時舉以相告。凡治學者莫不贊揚亞理士多德「吾愛吾師，吾更愛眞理」之雋語；但眞理有如上靈山求經，且甚多魚目足以混珠，不懷抱宏願與經歷過千辛萬苦是難以得到的。

海氏的「到奴役之路」一書，係撰於二次大戰尙未結束之前，而以喚醒英美兩國之有心人爲主旨，盼其提高警覺，勿步伍歐洲國家由推行社會主義而逐步墮入共產集權政治之陷阱者。玆將該書第十四章（物質狀況與理想目標）及末章（結論）之結尾兩段譯出，以作爲他討論「理性主義」論文之介言：

「如果我們想獲得當前『主義之戰』的成功，且爭取對方諸國中有心人士的推心合作，我們必須首先重新樹立起來過去所堅信的諸傳統價值，而應用道義的勇氣來抗禦敵方對它們所進行之攻擊。我們不應使用謙恭的道歉與從速改革的承諾，乃至提供種種解釋，而說我們正在設法，以覓求傳統的自由諸價值與新全體主義觀念二者之達到某種協調，以希冀贏得信心與後盾。我們並非依賴近年在社會制度上之某種改進，（那種改進在其與雙方自由的及奴役的生活對比下，實在不足稱道）而是由於對過去將英美兩國造成爲自由而正直，寬容而獨立的公民之國家所憑依的各種精神傳統，那方是值得稱道的。」（第十四章末段）

「如果我們確願建設一個更好的世界，我們便需有勇氣來實行一個新的開始——縱使所需要者係某種『爲了向前進而先後退 seculer pour mieux sauter』之舉措。以下的數種人物係缺乏此種勇氣的：㈠相信世事有定而無可挽回之人，㈡主張實現一種四十年來趨勢已成定型之所謂『新秩序』之人，㈢無法提出較優於模仿希特勒的方案之人。事實上凡高呼『新秩序』的人物，亦即是遭受了引致戰事使我等受害之邪惡思想所愚弄的人物。青年等對此種使成人等入迷的思想之不信任，是有正當理由的。但如他們認此種思想即係十九世紀之他們實無所知的自由思想，則他們乃係大錯或遭受愚弄了。我們縱不顧且亦無能力回到十九世紀，但我們仍有機會來實現十九世紀之非同等閒之理想的。關於此點我等無權自命較過去的祖先為高明。我等廿世紀的人物應牢記勿忘：當前世局的惡劣事態應由我等（而非過去之祖先等）來擔負責任。如他們不曾從如何創造他們所需要的世界中，學到經驗，則我們這一代所學到者應較為有益。假如創造一個自由人的世界之首次嘗試失敗了，讓我們再來進行一次。總而言之，一種人人獲得自由之政策乃係眞正之進步政策，此種指導原則在廿世紀之為眞理，與其在十九世紀之為眞理，正復相同」。（第十六章結論末段）。

參、海氏論兩種不同類型之理性主義

海氏於一九六七年將他多年來有關討論哲學及政治與經濟思想之多篇論文，彙編一巨册出版。該書第五章討論「不同性質之理性主義 Kinds of Rationalism 」，原係海氏應日本東京立教大學校長松下博士之請，於一九六四年四月廿七日對該校師生之講演詞。此文針對時弊，說理精深，全文共分七段，大意有如下述。

㈠海氏首提出循名核實的重要性，而指出有若干重要名詞，時常被運用失當而名與實不相符合。例如「計劃planning」一詞在經濟學上向來被重視，因任何經濟活動在事前均應先經過設計籌劃，故任何經濟學者不能對設計（或計劃）持反對的意見，但廿世紀二十迄三十年代，有若干學者認為經濟計劃之含義，限於中央集權式的對社會經濟活動的全面計劃與管制，故海氏被迫而成為反對「計劃」之學者。此外如「社會的 social」與「實證的 Positive」乃至「實證主義者 positivist」等等名詞，均因被應用於某種特殊意義，而迫使海氏對之不得不持反對的態度。

(二)海氏次論及十七世紀笛卡兒以降之理性主義。他說笛氏學派對「理性 reason」之認識與中古經院派學者有別，後者通常認理性為認識眞理（特別是道德的眞理）之能力，（原註：參看洛克氏著自然法原論第一一一頁），而並非從明確的前提來進行演繹式推論之謂。中古學者認文明社會中之各種制度並非全皆由人類理性所創立，其中有若干制度乃係悠久以來自然發生的。培根霍布斯及笛卡兒等人則堅稱：一切人類的制度，在事實上與理論上均應為人類有意識的理性所創造而成。此等學者將理性視為一種「笛氏之幾何式精神 Cartisian esprit geometrique」能從數項簡單無動搖的前提中，推動演繹的過程而達到眞理。

海約克氏於是將笛氏式之思想賦予以「建構性的理性主義 constructivist rationalism」或「理性主義的建構主義 rationalist constructivism」之名稱，而謂此主義在技術範圍內應用時雖有相當的成果，但用於社會方面則流弊甚多。事實上十九世紀自由主義政治家葛蘭斯頓氏卽曾對「工程式之心理」賦予以建構主義之名稱。在海氏名著「科學之反革命」書中，海氏提出「科學主義 scientism」一名詞作爲實踐的建構主義之理論上的依據。

自十七世紀笛氏等以降之學者認爲一切制度，不管其爲語言或文字，法律或道德，均係人類有意識的創造，而無視歷史演化的力量。他們更從過去推展到將來，而謂人類應能創造新文明與社會制度，且用理性來指導一切，並察知其效果，使其符合我等的願望。我們有意識的考量，旣能週知一切的安排，故可選擇我們所需要的成果，而不必任令社會自覺自動的成果之呈現。從此種「建構主義」之推衍，而各種的現代社會主義，全面計劃，與集體主義，紛然並起蔚成大觀。

㈢海氏於是提出一個雞與蛋孰先孰後的問題，而詢問：人類文明是人的理性所創造的嗎？抑或理性乃是在一演化過程的文明中所生長出來的成果呢？普通人承認此兩種現象有交互作用，但笛氏派理性主義者則堅持，祇有理性方產生文明之說。自「民約論」而至「法律建國」之論，直到現代之制度爲人所造亦可爲人所改造之主張者，此派聲浪日囂塵上，而未曾考慮到：純正的有關社會理論之建立，係肇始於一項事實，即是：任何個人的努力，可能引致事前未預料到而對人生有益的秩序之產生。二百年以來若干理論經濟學者的努力，已經意外的獲得了現代社會人類學者等的助力。他們指出文明史上種種所被認爲理性之產物，事實上乃係經過了演化與選擇的過程，而與生物的演化可相比擬。此一門科學家所努力從事的探討，多年前業經門特維勒 Mandeville休謨D. Hume 與其後的蘇格蘭哲學家等首先開創，惜他們後繼者將之僅限制於經濟的範圍而變爲默默無聞。

新的發現之最重要的特見乃是：人的思想能力，亦同樣的係由於不僅依憑個人的秉賦，而又是「文化遺傳的」成果。後者經由教育而傳遞下去，主要的依靠文字之方式。我們在幼年時對文字學習的程度，決定了我們如何思想以及我們對世界的看法與解釋。我們的文字之結構，包含了我們所存在之世界的性質在內，我們學習某種特定文字便得到某種世界觀，此種「全面信賴的學習」，乃是文化傳遞中最重要的部份，而直到今日尙未被全面認識。

㈣以上所講論者，在中古時天主敎士林派學者已經有了相當覺察，而提出他們的警言：「rationon est judex, sed instrumentum 理性並非下判斷者而僅係工具。」其後到了十八世紀（反對建構性的理性主義之英國學者）休謨氏，更提出其主張，謂「道德規律並非我們之理性的結論」，他所說的應不限於道德規律 rules of morality，而事實上可包括一切價值，後者均非理性所能決定，但理性却需聽命於它們。所有道德問題起因於多種價值之間的矛盾，而理性在此處便可盡其有限度的功能。理性可以指出我們所面對的選擇之路，何種價值等正在衝突矛盾之中，何種價值係終極性的而何種僅屬暫時性的，其重要性來自與他種價值相關連。理性的功能祇到此爲止。

然科學性的分析或可有助於使價值盡其功能，或實現其目的，則仍値得探討。我們何以願抱持某種價值，如經詳察後，可有助於將理性主義分爲不同的類型。有關道德規律最通行的理論爲功利主義 utilitarianism。它有兩種型式，足以提供例證，使我等在價值之討論中，能以領悟到對：(1)理性之合理的應用，與(2)依照建構性的理性主義而不計到理性所應有的限制，二者間之不同的所在。

休謨氏乃係在其著作中首先提出功利主義之合理的方式者。他一方面主張理性絕無力產生道德規律，另一方面則堅持爲了實現人在社會中之目的，人必需服從（無任何人所單獨發明的或設計的）道德的與法制的規律（原則）。他證明出來，若干抽象的行爲規律（羣註：即是中國所謂「禮敎」）之所以被普遍奉行，乃因實施此規律的團體收到優異的成果。此處應特加注意者，爲該團體中各分子雖不完全了解抽象規律之特色，但因對之能遵行不悖，而遂收到優良的效果。在另一方面，則一社團認爲不需規律原則而任令每一成員依照他自身所計算之方便 expediency 而採行他的特殊行動，因之與休謨的意見相左。休氏的論點係注重全社團對規律的遵守（縱使實施此規律時若干社員會得感覺有所不便）。他的論點係植基於以下理由，即是：人類的智見不能週知一個複雜的社會的全面動態詳情。我們因人的理性不能適當的處理動態細節，而被迫採用了若干抽象的規律（原則），同時此項規律亦非任何個人的智慧所能杜撰，而必需經過各種嘗試與錯誤的經驗所積成之社會成長的過程，方能應用生效。

笛氏派傳統學者，自赫爾維蒂厄 斯Helvetius 而到英國之邊沁 J. Bentham 與摩爾 G. E. Moore 等人，將此種漸進的功利主義（向來以歷代相傳而下之抽象規則為基準以覓求效用的）放棄，而代以一種注重「個別特殊性」的功利主義 particularist utilitarianism。此種功利主義之最終結果，等於要求對每一行動，必須以其一切可能被察見到的後果來作判斷，其含義為人不需要各種準則，因他的理性能週知所有關聯的事實，而可控制種種細微節目，以創造一個其人所需要的社會秩序。

休謨氏的功利主義承認理性之有限制，而主張嚴格遵照抽象規律，建構的特殊性的功利主義則依賴一種信念，謂理性善能操縱一個複雜的社會之全部細目。

㈤以上所述兩種不同的理性主義關係甚為重大，因笛氏等不需準則之建構性理性主義推衍的結果，勢必將所有道德價值毀滅，而引導至每個人以自身對事物的評價來作決定。終於引至為目的不擇手段。以下所引凱恩斯氏的自傳中一段文字最為傳神之作：「我們完全拒絕我等有服從通行規章之（個人的）責任，我們聲稱有權來按照每一事件的是非曲直對之加以判斷，並確認我們有智慧、經驗、及自制力來圓滿處理該事件，此乃係我們的信仰之一重要部分，經我等熱烈的與取攻勢的將之堅持，而為外界人士認為係我們之最明顯的與危險的特徵。我們完全否認了傳統性的道德，與社會習慣及因襲的智慧。嚴格的講起來，我們乃反道德論者。我等亦知此種事態被公開後將有相當的後果，但我們不承認任何道義上的責任，或內心的自訟，或向世俗低頭。在上天鑒臨之下，我們宣稱關於我們的事件應由我等自身作判斷」。（原註：取自凱氏著「兩份備忘錄」中第九七——八頁）

凱氏所言不僅拒絕承認傳統道德規律，且對任何抽象性的行為準則（不具道德性的）亦予駁斥。其涵義為人的智力高超，能見到一切可能之事變，且不需準則便可應付裕如。但實際上人並非全知全能者，且隨時隨地會得遭遇到前所不知的新事件而需設法因應，故他並不能墨守一個事前將各種可能發生之細節均已安排妥當而因應裕如之方案。最適當的方法為樹立起來若干抽象的規律或原則，而遇到新問題時按原則去處理。我們的行動因此乃成為一致合理的型態，而其理由不是因為那是來自一個週詳的方案中的各部分，而是因為我們所採取的各種決定，係逐步的取自業已樹立了的規律或原則。此諸種規律或原則彼此相通貫而彙成為一種高低層次 hierarchy 之型態。

㈥海氏自述他於治經濟學理後，面對了種種問題，需步步深入考察。他研究所得之結論乃是：經濟理論的任務，在於提出說明，以解釋一個包含各種經濟活動之全面秩序。此秩序所利用者為巨大數量的知識，後者不來自任何單獨的心靈。而從數以億萬計的個人而來。但從以上的說明而到另一洞見其間路途尚多曲折。此另一洞見在於瞭悉某種關係，就中一方面為每一個人所體會奉行之各種抽象原則，另一方面則爲各個人於遇見特殊事態而遵照原則等以採取行動，因之而彙積起來成爲一個抽象的無所不包的大秩序。海氏直至將⑴古舊的有關在法律下的自由之概念，⑵傳統的自由主義之概念，與⑶連帶的有關法律哲學的問題三者重加探究後，方抵達了他自認爲較爲清楚的，一個「自動自發的秩序 spontaneous order」，而此秩序乃是向來懷抱自由主義觀念的經濟學者所不斷加以探討的。

問題於是抵達到了間接的創造一種秩序之方法，而其情況則如此之複雜，竟難以容許該秩序中每一個別因素被安排於適合的位置。此因所提決定秩序之原則祇能決定它的抽象性質，而就中各種單獨細節則屬於該秩序中各個人，祇有他們方能對之認識。此種秩序因之非我等外人所能改進，甚至於嘗試局部改進時反足引起混亂。唯一途徑祇能設法將指導個人行動之規律原則改進。此學事實上必然甚爲緩慢，因甚多指導現行社會的規律，並非由我們所創造，且我輩對它們的了解亦有限度。它們事實上爲一長期演化程序，在其過程中曾有多數人提供經驗與知識，而非一二人所能對之領悟也。凡從事社會改造之工作者，先需了解法制原則與社會上各種自發的力量二者間如何互相影響。經濟學者法制專家與社會哲學家等人需要密切合作。笛氏派理性學者缺乏耐心，而以爲人類於充分應用理性後，便可成爲自身命運之主宰者。事實上人祇於對理性加以合理的檢討後，方纔能眞正清楚的認識：理性控制之舉原來本有它的正常限度。

(七)海氏在本文結論中指出：他來立教大學向該校師生講演該題之用意，係因歐洲近三世紀以來對理性之信仰，爲歐洲文明發展的一個重要因素，故日本學者之對歐洲思想發展史有興趣者，自易被西歐的「建構性的理性主義」所吸引，而認此種偏鋒思想爲歐洲文明進展的「終南捷徑」。歐洲哲學從希臘之柏拉圖以降，在十七世紀爲笛卡兒霍布斯等所重振，遞後到盧梭、黑格爾、馬克斯，直至哲理的與法律的實證主義諸學者，其著作在日本均被廣泛的研討。海氏在結論中提出警告，而指出歐洲傳統中此一過分重視理性之學派可能與一幫對理性的價值未予重視的學者，同犯了「過猶不及」之錯誤，理性正與危險的爆炸品相類似，善用時可產生良果，但如用之失當時可能將一文明毀滅。

他續說所堪慶幸者，歐洲的傳統中，除「建構性的理性主義」之外，尚有另一學派。(但不必諱言有若干知名哲學家例如康德等曾受到建構性學派之影響，又如共產世界則已被此種理性主義將其文明炸燬)。他舉出此另一學派不以建樹哲學體系自豪，而係政治上的自由主義所本原的學派。從古希臘之亞理士多德氏，經由古羅馬之西塞羅氏，與中世紀之聖多默氏而到十八世紀以降，則由政治哲學家中（與笛氏學者相敵對者）例如孟德斯鳩，休謨，以及蘇格蘭學派等人，主要的以亞當斯密氏爲首領者所倡導。此外德國自由主義者康德與洪保德以及英國之邊沁及功利主義學派，雖與以上學派有關聯，但惜未能擺脫盧梭與法國理性主義的影響。他又舉出法人託克維勒氏，英人阿克吞，以及奧國經濟學派諸巨子，而直至當代提出「批判的理性主義」一名詞之頗普教授 Karl R.Popper，謂其均屬於此另一學派。

他認爲此學派的議論，不如笛卡兒、黑格爾、馬克斯等人之極端的理性主義之富有吸引性，但較不趨向偏鋒而提出一個純正的有關人性的理論。此派關於心靈與社會的觀念，係對傳統與習慣之有關以上二者發展的任務，給予以適當的地位的。我們從此學派獲得笛氏學派所不大注意的若干方面，且獲知一事實，卽是：常時非爲人造而自然生長之若干制度，可能較人所精心設計者反更能供應文化成長以較佳的架構。

海氏在結束其講演前，答覆松下校長前曾提出的一個問題，而他本人在當時曾未能卽刻作答者。松下所詢問的大意如下：「是否一民族之依賴『舊慣例 convention』而不重視『新發明 invention』以建立其『制度 institutions』者，反較其他民族等之有意識的企圖建構全部制度，或按照理性原則重建其制度者，更能給予每個人以自由，而因之更適宜於演化？」海氏說他認爲他的答復應當爲正面的。他的最後結語乃是：「如我們不學到，在社會事務的安排上，理性的應用是有限度的，則當我們把自認爲係合理的範型强加之於社會之時，便甚可能引導至將逐漸進步的唯一所依賴之自由，予以窒息的危險」。海氏此論適與美國學者專以反對「因襲的智慧」爲職志之蓋爾卜萊斯氏 J.K. Galbraith 之議論正相反對。

肆、對海氏思想之評判

自「到奴役之路」之書出版，而迄海氏向東京立教大學師生講演，他所見到之「兩種不同類型之理性主義」時，世界在短短的二十年中已經歷了一種空前重大的變動。海氏所批評的德義日諸國之種族的與國家的社會主義均已崩潰，蘇俄之共產主義亦已被證明爲難以成功，而與中共南共等政權同放棄其理論的面具，變爲純粹的運用現代科學技術及組織，以對內剝削人民脂膏，對外則從事覇權的爭奪之國家。同時西方各大帝國並已全部清算，而戰敗國與新興國家之應用自由經濟學理以安定其貨幣與從事復興及開發的工作者，均在此廿年中經過國際合作而收穫到輝煌的成果。

各國政要與公私經濟巨子等（焦頭爛額）之實行家等，例如德國之艾哈德法國之戴高樂等人，均先後博得國內外各方之歡呼贊譽。然有識見的歷史學者等，於討論近三十年之政治經濟思想史後，則僅歸功於若干位「曲突徙薪」不求聞達的學者，就中最特出者當推德人儒伯克氏 Wilhelm Ropke 法人儒艾夫氏 Jacques Rueff 以及海氏等三人，因他們在哲學歷史等人文學術中均有造詣而不限於經濟學方面，故能洞見時局困難而提出主張，且於其主張實現而富國裕民之後，仍我行我素的繼續研求學術，其高風亮節有足多者。

海氏所提出之兩種類型之理性主義，經我們從研究中國文化史的立場來將之評量，甚易察見以下之顯明的事實，卽是笛卡兒式理性主義之末流，與中國過去之法家商鞅、韓非、李斯、王莽等思想相接近，而自亞理士多德而迄休謨氏、亞當斯密氏以迄奧國學派諸人之理性主義，則與中國正統儒家之思想相契合。秦始皇王莽等全面管制之大帝國，引起四海困窮而全民騷動終於崩潰，廿世紀德義日等全體性的政權，亦於從事對外戰爭失敗後而改爲民主政權，遂引致經濟的繁榮，其經過與中國在秦始皇王莽之後，而轉爲兩漢前期之崇尙教化，政簡刑輕之情況可相比擬。西漢的文景，東漢的章和諸帝時之政治經濟秩序，大體上趨向海氏文中所述之亞當斯密式之理性主義，尊崇禮教而簡化法令，地方官吏及其佐治者大多選用士人，而此等人又多爲難進而易退者。西方學者每喜用「東方專制政體 Oriental Despotism」一名詞，以形容自中國而迄波斯拜占庭等古代政權。其實中國在大一統盛世時，人民所享受之人權與自由遠在羅馬帝國與邇後歐洲王侯諸國的民衆之上。此因我國自秦朝崩潰以後，政府鼓勵人民學習文字，及讀書與著述並對策言事，故寒士如朱買臣、可爲皇帝近臣，公孫弘成爲宰相，鄭玄、馬融、王充、蔡邕等人相繼成大儒，爲地方人望與清議重心。西方則在文藝復興之前，學術爲貴族富人及僧侶之專利品，淸寒子弟甚難得到高等教育，因之平民中知書識理者，遠較同時之中國人爲少。海氏講演中所論文字之傳授，爲文化傳遞之重要工具，應以三千餘年來之中國文化史，作爲其例證。　國父中山先生所倡導而經蔣總統所力行的三民主義，乃是由華夏民族先人之精神教訓與經驗所傳遞而下，並經歷了數千年之演化過程，故能取精用宏，屹立於宇宙之間，而與廿世紀所流行的各種「理念 ideologies 」大異其趣。

以上的議論，旨在說明我們對海氏思想之贊同與欽仰，但此外則有數點應可商榷之處以及我們在文末的建議，亦不揣鄙陋的將之提出，以供有心的讀者之參考與指敎。

廿世紀有識見的學者，常時批評現代爲一非理性的時代，因人類過分的運用理性以追求外物與權力，而無暇與無心探究人生究竟，於是成爲十九世紀實存哲學家瞿克果氏寓言中的某角色。此君鎭日忙碌不識本眞，而於某晨夢覺後，發見他本人早已死亡了，

就大體而言，西方自培根、笛卡兒以降，經過英法德美諸重要哲學學派，其趨勢係明顯的走向過度理性的方向，其特徵爲主觀的內在的，其重點在知識論而不注重道德哲學，若干談到道德哲學者，復大多屬於康德學派或功利學派，而此兩種學派有關道德的看法，係與柏拉圖學派者正相反對的。

近若干年來柏拉圖學說重行遭受注意，但在二次大戰前後期間，英美學人之對古典哲學不滿者仍多對柏氏批評不遺餘力。就中當推「開放社會與其敵人」一書作者頗普氏 Karl R. Popper 爲其巨擘。頗氏與海約克氏同係維也納大學出身，二次大戰後同在倫敦經濟學院任敎，私交甚

篇。頗氏雖不贊成現代哲學家中之語言分析派，且亦反對哲學之「專業化」，但就大體而言，他應被作爲一位研求自然科學與社會科學之方法與其哲學的學者，而非道德哲學家與政治哲學家。但在「開放社會與其敵人」書中，頗氏則感情衝動的對柏拉圖氏大事攻擊，而指斥其爲蘇格拉底氏之叛徒，與「自由」及「民主」的敵人。在其書引論以及其他多章中其偏見處處流露出來，而爲一九五三年著「柏拉圖氏之現代敵人與自然法理論」一書作者王爾德氏 John Wild，以及「對哲學之反叛，頗普氏的符咒文」長文作者朱爾登氏 R. Jordan，將其在理論上與事實上錯誤之處，逐項指出。我們將王氏等議論檢討後，達到以下二點結論：第一、柏氏並非蘇格拉底之叛徒；第二、亞理士多德雖在甚多方面與乃師柏氏見解相異，但在大體上他們的思想仍有脈絡可尋，而應被認爲同屬於希臘之道德的唯實哲學，與孟荀之同屬於儒家哲學正復相類。

海氏在其論文中，將柏拉圖氏作爲係笛卡兒霍布斯乃至其後黑格爾馬克斯等人思想的始祖，而將亞理士多德氏認爲係邇後之西塞羅氏與聖多默氏而至孟德斯鳩、休謨、亞當斯密等人思想的先河，使柏亞兩氏間有一鴻溝，顯然的係受了頗普氏貶斥柏拉圖氏的影響，故其立論基礎並非堅固。頗普氏除「開放社會與其敵人」一書之外，復著有「歷史主義的貧乏」一書，其主旨在於指出：人類的智識之增加，在邏輯上係難以預測的，故人類史的未來亦難以預定。該書與海氏之另一著作「科學的反革命」書相呼應。我們一方面贊同他們對於歷史的定命論之批評，另一方面則對頗普氏在其「開放社會」書中末章所稱「歷史無意義」的說法，深有疑問。頗氏在該章末段聲言：「我們不必冒充預言家而應自我決定本身命運。我們應努力盡自身本分與檢查自身錯誤，直至我等不再認專重權力之歷史係我們的審判者之時，以及不再憂慮歷史能否代我們辯護之時，我們也許有一天會得成功地將權力加以控制。如此則我等或可甚至代歷史辯護，因過去歷史實在需要被人代爲辯護也」。（第四六三頁）頗氏此種誇大的口氣，乃係繼承古希臘與蘇格拉底相質詢的詭辯派學者「人爲萬事的權衡」之說法的，而幾與凱恩斯氏的口氣無大差別，二人同表示對傳統之不信任。

我們雖贊同頗普氏對黑格爾氏馬克斯氏以及種族主義者（例如戈賓儒 J. A. Gobineau 希特勒等人）的主張所提出之嚴厲批評，但對於頗氏將精神性的、道德性的，乃至宗教性的歷史主義均予以一概抹殺，則未便苟同。海約克氏在其兩種類型的理性主義論文中，既承認超於理性之上的傳統性的與逐漸演化的道德規律，爲一種健全的政治與經濟秩序之必要條件，則（至少在理論上）海氏主張應與頗普氏的主張尚並非完全一致。然海氏既然將其一九六七年之論文集巨著奉獻于頗氏，更在諸篇哲學論文中復迭次引用頗氏諸書之議論，且頗氏在「開放社會與其敵人」書中第五七一——三頁中，亦聲稱海氏祇因對於科學主義（卽將自然科學所應用之方法施用於社會科學中）有所顧慮，故而對於頗氏所用之「社會工程」一名詞避而不用，惟頗氏則確信海氏對其（

頗氏的）「逐步實施的社會工程 piecemeal engineering 之原則，實係並不反對的。頗氏謂海氏所用以替代「社會工程」之名詞，爲其所提出的「法律架構 legal framework」之改建一名詞。總結而言，海氏與頗氏思想之異常接近，已成爲不爭之論。

海氏在一九四七年第一次帕勒雲山學會開幕辭中曾指出：笛卡兒式的理性主義假定科學可能指示人類除「什麼是事實 what is」之外，且亦能指示「什麼是應當的 what ought to be」。此種理性主義百餘年來假手於實證主義與黑格爾主義兩種運動，實已犯了「智見上的驕恣 intellectual HUBRIS」之病症，而與純正的自由主義的實質亦即「智見上的謙卑」相背反，從而引致歐陸上宗教信徒因對自由主義之不滿而逐步走向反動。他主張該學會諸會友應研究：如何將自由主義與宗教信念設法調和，以保存西方文明的理想。

他在一九六〇年所出版的「自由之構成」書中，亦曾對自由之可能被濫用而引起不良後果，反復申論。但正因在美國凡犯有以上所說之劣跡者，係自稱自由主義者，而與海氏有同感者則向來係所謂「保守主義者」，於是該書中所登載之海氏一篇論文，以「我何以不是一位保守主義者」爲題，當其在某次帕勒雲山學會中被宣讀後，引起來「保守主義之心理」一書著者寇克氏 R. Kirk 與海氏之熱烈的討論。（羣註：可參看本文著者在本年四月份國魂月刊上所討論美國白璧德氏思想之重振一文）。著名政論家張伯林氏 Wm H. Chamberlin 認海氏在歐洲雖屬於自由主義的陣營，但在美國則應被認爲係一位保守主義者。

平心而論，海氏所提出回到十九世紀的自由主義之主張，既難以完全實現，且在今日亦不復能對當前世界之嚴重病態作有效的挽救。當前福利國家、與共黨騷動、軍備競賽、通貨膨脹、人口增加、社會不安種種病態，齊頭併進，已非海氏「到奴役之路」以及迺後諸書中所提出之藥方所可引歸正軌。本文著者的私見，認爲當代對人類文明之最具權威性的研究，既非斯賓格勒氏之「西方的沒落」，亦非湯恩比氏之「歷史的研究」，更非馬克斯派或實存主義學者之各種著作，而係近年自美返德之歷史哲學家伏格林氏（Eric Voegelin）所著有關「秩序與歷史」之數本巨著與他的政治之新科學一書以及有關基督教中歷代智慧派異端學者 Gnostics 之研究。伏氏對「秩序卽歷史」與「歷史卽秩序」之洞見，以及嚴關新異端而從「萬有之謎」與「歷史之謎」兩基本觀點以檢討歷史之主張，近年來已日益在美國與歐洲引起品端學粹的學者等之重視。本文著者認爲俟伏氏巨著最後一册出版後，我們便可以從中覓得完滿理論，用以解釋何以中國自古傳下正統的，以春秋大義爲骨幹的歷史哲學之何以能維持中國文化於不墜之眞實理由，而與西方求重振其精神傳統之學者等的努力相配合。我們祇有從對於東西方精神的歷史之研究中，方可覓得挽救廿世紀危機之答案。海約克氏的（乃至頗普氏的）著作雖各有其本身價值，但如持之以與伏氏著作相比，則未能相提共論矣。關於對伏氏理論之介紹，容俟諸異日。此處僅先略介數言，以敦促對世界與人生問題有眞實與趣之同志者之注意云爾。

五十八年六月中華文化復興月刋

白樂日氏之「中國文明與官僚政治論叢」簡評

近若干年來，西方學者對中國學術之研究，從注重哲學與歷史等方面，而進入社會科學範圍內之各種專題之探討。我們雖不能贊同費正清氏所提出（或引用）的口號謂：「華學業已死亡社會研究萬歲」（Sinology is dead, long live social studies），但中國數千年來之政治、經濟、社會之組織與其演變，乃至文藝、科學、技術之進展或停滯，均有賴於用現代科學方法，將之考查研究以達到正確之答案。高本漢氏研究古代音韻，而糾正許愼說文與毛亨說詩之若干錯誤。李約瑟氏從中國古書例如墨子，西京雜記，乃至沈括氏夢溪筆談中，發現中國在科學技術上若干遠在西方之前的成就。他們的努力均值得我們之讚佩。

白樂日氏（Etienne Balazs）誠如費正清（J. K. Fairbank）與萊特（A. F. Wright）二氏

所言，乃是世界上研究中華學術人氏中最具權威之一人，他於一九〇五年生於匈牙利，早歲卽因研究哲學而對中國道家佛家思想發生興趣。其後入柏林大學，在老法郎克教授指導之下研究唐代經濟史。據本書引論著者萊特氏所言，白氏所用之方法係採自馬克斯氏與韋伯氏 (Max Weber) 而他著手研究時尙在中國與日本學者對中國經濟史發生興趣之前。希特勒登臺後，他流亡至法國南部，受反納粹之志士等掩護，此時他研究魏晉清談稽阮等竹林七賢思想，與儒家裴頠之祟有論。大戰結束後，他研究所得用「虛無主義的反抗或神秘性的逃避主義」題目發表長文，其後收入本書中列爲第三部分論思想之第十四章。一九四七年巴黎大學社會經濟研究所成立，他被選充中國古代經濟社會史講座，先後任敎十五年。在此期間他主要在研究中國之制度問題。本書中第一部分九篇論文先後成於此一時期。玆將諸篇論文題目揭出，可見他所研究範圍之廣博：㈠「中國社會特徵」；㈡「中國——一個永遠官僚制度化的社會」；㈢「中國封建制度」；㈣「資本主義在中國之產生」；㈤「交易市場在中國」；㈥「中國的城市」；㈦「馬可波羅在中國國都」；㈧「第四第五世紀中國北魏土地制度之演化」；㈨「第四至十四世紀之中國土地制度」。

一九五四年，白氏發起邀約史學家多人合作，對宋代歷史計劃作大規模的深入研究。此建議得各方響應，到了今日多種研究均已在進行之中。據本人所知，我國學者例如旅美之陳榮捷先生卽爲參加之一人。

本書第二部分爲白氏所寫與歷史有關之論文二篇。其中第十篇題目係「作爲官僚從政指南之史書」，第十一篇題目爲「傳統與革命在中國」。

本書第三部分討論中國人之思想，計收有論文五篇。就中第十二篇討論「曹操所寫古樂府秋胡行二首」。第十三篇爲「漢末之政治哲學與社會危機」，討論王符、崔寔、仲長統三人對世局之議論。第十四篇篇名已見上文。第十五篇討論「中國第一位唯物論者范縝之無神論」。第十六篇（最後篇）討論「王安石之先導者李覯之思想」。就中第十二、第十五、與第十六篇均爲白氏在三十年代時舊作。

以上共三部分十六篇文字之論叢，係白氏於一九六二年訪美時，經過費正清、萊特兩氏所敦促，而由白氏返法後親自選擇編就成書，總綱目決定後一星期，白氏卽於一九六三年十一月逝世。此書英譯本由哈佛及耶魯之東亞研究機構資助，出版於一九六四年。至白氏全部著作之總目，亦由戴密微教授 P. Demieville 編就，在該年通報 T'oung Pao 第五十一册中發表。

萊特氏在本書前言中指出，本書書名 (Chinese Civilization and Bureaucracy)，係白氏所自定，亦代表白氏對中國文化所抱持之既讚揚復批評之態度。萊氏說白氏一方面讚頌中國人的成就，例如歷史悠久之政治秩序，文學藝術之發皇，三千餘年來有關人與社會之各種問題之設定與改造工作所表現之才能與智慧等等；另一方面他亦深深感到中國人對此種成就所付出代價之巨大，例如「正統制度」(Orthodoxy)對民衆之壓迫，傳統的家族與教育制度之權威主義，從法律，政府管制，與社會控制之各種工具中所察見暗含之全體性趣向等等。萊特氏說白氏的研究中，充滿了對「優秀分子的神秘 Elite myths 之不信任，特別懷疑對於替中國文明辯護者，所提出之該文明顯現了總體性內部均衡和諧之意象」。萊氏讚賞白氏之善能洞察主政權者的意理，所顯現於官式文書後面之實際權力與利益，以及白氏對思想家等之變爲傳統秩序的犧牲者與批評者之深刻同情。萊氏之言實係他自身與費正清氏之一貫的對中國過去儒家政治的輕視之看法，而假手於介紹白氏的論叢來借題發揮。

我們將白氏全書閱覽一過後，認爲他對中國儒家政治實抱有偏見，其所發揮之論斷並非持平之見解，但我們本於伏爾泰氏之「我不同意你所言，然我仍堅持應容許你發揮你的主張」之精神，認爲凡屬三民主義信徒以及相信儒家的教義者，均應將白氏此書細讀一過以資儆惕。此緣白氏係現代法國華學家領袖人物，現在他雖已逝世，但經過費氏萊氏等將他的著作向英美學術界大力推薦後，未來若干年間甚多西方治中國學問之專題研究者，勢將奉他的主張爲圭臬，而對中國儒家發生誤會，甚至連帶的對三民主義加以曲解，故我們對白氏此書不應不予理會。

我認爲任何閱讀白氏此書之學者，必須先對以下諸點應有深切體會，然後對中國儒家精神傳統的信心，方不致受白氏巧妙的論辯所影響而動搖，且對任何西方引用白氏議論之學者，知道如何加以反駁：

第一、白氏自少至老始終爲一共產黨人，他的共產主義意理成爲一種有色的眼鏡，而影響他對過去歷史與政治經濟制度等的看法。

第二、他基本的係與費正清、萊特、尼芬孫（J. R. Levenson）、波狄（D. Bodde）等美國學人同調，後者始終係主張中國儒家傳統已伴同廿世紀帝制之崩潰而中斷者。此等學人的政治主張係傾向承認共匪僞政權的。「司馬昭之心路人皆知」，我等不可不知也。

第三、白氏對歷史之看法係重「變態」而不重「常態」的。他的諸篇論文主要係研究自漢末魏晉而迄南北朝等大動盪時代。其時政治經濟權力並非儒家所能掌握。但他從對此等時代之研究中，竟發現中國歷史自秦朝而迄廿世紀初年之一貫的不變因素！他認爲除農業爲中國社會經濟基礎外，更重要的因素當推由學人而變爲官僚之「滿大人」（Mandarins）關係最大，於是將矯變爲枳，而孔子被形容爲陽虎了。他在全書最重要之第一、第二兩章中，以全力描寫中國儒家之事上諂、待下驕、將教育獨占、喜舞文弄法，而對貿易、採鑛、建築、禮儀、音樂、學校等等，事事均加干涉，使得社會公衆生活乃至私人生活，均受此官僚政治所干涉。其政權係全體性的，秘密警察使人人自危，且「連坐制度」使大小官員均無安全之感（書中第十七頁）。我認爲任何對中國儒家從事政治之討論，如不從道德哲學與形上學的觀點出發，而僅採用無神論的、唯物論的、與世俗主義的觀點立論，則其結論必不會正確的。白氏諸文不問係討論制度、或歷史、或思想，均表現他之對儒家認識膚淺。

第四、白氏對中國儒家從政者而有眞正主張抱負或事功者，例如賈誼、劉向、魏徵、陸贄、劉晏、范仲淹、朱熹、王守仁、張居正、林則徐、曾國藩中任何一人不加研究，而對稽康、何晏、仲長統、李覯諸人，則大加以渲染；對桓寬之鹽鐵論，與沈括、邱濬、徐光啓諸人之著作均一字不提。是否因為以上諸儒者的學問事功與他的「滿大人」的定義不符，抑或他認此等儒者對當時國計民生與後代歷史及民族特性，均無多大影響，我等對之殊莫測高深。

第五、白氏既知中國的考試制度係選拔有品格與才學的「通才」，則亦應知此等人於進入翰林院再轉到仕途過程中，對戶、禮、兵、刑、乃至錢法、河渠、倉儲等種種實務，仍需要盡心研考學習，方始有望騰達，而並非專以吟詩寫字為日常要務，便可致身青雲者。中國儒家政治與英帝國盛時之「賢能政治」(Meritocacy)相類。且在大一統時代向例政簡刑輕，不以擾民為務。老百姓自有他們的各種組織，與官府無干，而有「天高皇帝遠」之感。自順治末年至乾隆末年百餘年間，中國之文治、武功、經濟進展，及社會繁榮，可與十九世紀之大英帝國，與廿世紀前葉之美國相比擬。現在則清朝與英帝國的光榮均成陳跡，美國亦開始感覺有危機徵兆。此種與衰變化，需用哲理對之研討，決非馬克斯與韋伯的「社會科學」式之分析，所能提供圓滿解釋的。

第六、白氏所指摘之中國官僚政治，其中缺點一部分應由儒家負責，更重要部分則由於上有專制之帝王，下則有法家思想所薰陶之幕友與書辦制度，以及朝代後期政治風氣之敗壞。此則古今中外皆然，不能單獨指摘某一國之某階段。我認爲白氏未曾切實研究中國歷代官箴之規定。他書中既不提及自馬融忠經、武后臣軌、而至朱熹政訓、呂本中官箴、楊昱牧鑑、汪輝祖佐治藥言等書，復不對幕僚制度，書辦制度，以及各地方之歸田士紳，與各行業、各宗族之種種公益團體組織，作週詳的檢討，而卽將各地民衆之禮儀、風俗、生活、習慣、均歸咎於儒家官僚主義之約束，一若兩千年來種種政治與社會之缺陷，均應由「學而優則仕」之儒家官僚負責，且追溯到孟子「勞心者治人」之論，（書中第十七頁），殊未得事理之平也。

第七、在我國留美哲人陳榮捷氏之論文集中，有「西方對於儒學之研究」專文一篇，中有以下之一段：「至於從實行上研究儒學，在西方實爲新方法。十年前若干美國學者得基金會之資助，邀請專家四、五十人研究四年。……專門研究「行動上之儒學」，卽專重儒學在社會上之如何實施，與儒者個人之實際行動。……此亦着重社會科學之本色。……後曾刊行四本論文集，頗引人注目。」陳氏論之曰：「夫儒學實施之好醜成敗，值得探究自不待言。然研究者只問某某儒者之行爲，某某王朝之政績，而於儒者之原理學說，不加理會。」（見陳氏哲學論文集中第一〇一頁）陳氏對美國社會科學家所抱持的對儒家的看法之品評，亦適用於對白氏之治學的態度。

然卽向來對儒家抱有相當偏見之賴世和氏 E. O. Reischauer，在其與費正清氏合著之「東亞大傳統 East Asia the Great Tradition」巨著中，亦不得不對第四世紀中國與羅馬帝國同遭蠻族佔領而分裂後之不同命運，有公允的論斷。

他說羅馬崩潰後歐洲長期分裂，中國則經過五胡十六國之混亂後，終回復到大一統。其理由大致可歸納爲以下數項：㈠中國南朝諸朝代較東羅馬更能維持王朝的傳統；㈡由於地理關係南朝對全中國之影響，大於東羅馬之對歐洲；㈢中國的文言始終統一，而歐洲則分裂爲甚多地方語文；㈣中國因重視農業與水利，對異族之吸收同化較歐洲爲易；㈤（最重要的）羅馬過去只有法治，而無中國的皇帝受天命之德治，後者係假手於公開選擇有學識操行之儒學（而非由世襲的）官僚而實現。此種制度與羅馬者相比，旣較爲合理亦較少神權，而受百姓之歡迎。（書中第一四八至一四九頁）賴氏的議論遠比白氏者爲公允。

第八、白氏將中國官僚主義的社會徹底批評後，竟作了三項令人驚異的結論：㈠中國的過去可反映現代西方文明，有如陰陽凸凹之雙方，此方之長卽係彼方之短。中國過去係「天下」，故無民族主義。因儒學傳統主義之約束，故（除少數道家反抗者之外）無個人主義，且亦無相當於現代西方的，應用邏輯、推理，與修詞學（Rhetoric）之理性主義。正統儒家不喜奇巧異技，故科學不興。官僚政治的「保護」代價甚大，但細民等對之無力反抗，結果則在歐洲向係自由的重心之城市，在中國反成爲「滿大人」之權力根據地。中國商業資本制度永難發展，商人願向官僚政治低頭，惟一願望卽其子孫於讀書後，亦能變爲學優則仕之官僚。中國歷史乃係「學者官僚」爲了「學者官僚」而寫之歷史。白氏此種將中國學者官僚作爲一種具剝削性的權利集團，而其內部團結永不分裂，實無事實上之根據。其對中國正統歷史哲學之曲解尤爲不經。中國二千年來諸史家之品格學術高下，久有定評。史書與官箴牧鑑等書性質完全不同。此後有關史料之查考搜集，史書之範圍及編撰方法，自可向現代西方學術借鏡，但其大本大源中心意識，則係自古相傳而下者，爲吾民族精神傳統重要成分，非任何中西學者之主觀的時髦說法所可動搖的。㈡白氏認爲二十世紀正在全面的傾向於全體主義，不問已開發的或正在開發中的以及共產國家，均已顯示此種傾向，而可被用來作爲全世界走向官僚制度的，技術制度的國家管制的指標。他說：自一九一七年俄國革命以來經過二次大戰後，全球各國之社會經濟成長階段雖互異，但其最後終點則均係指向有組織的國家資本主義。團體重於個人，國家權力高於一切。組織勝過競爭，效能的重要性超越於個人權利及法治之上。最後，「爲了目的便可不擇手段」之格言，已爲舉世所接受，而以上各點成爲二十世紀的特徵（第二章廿五至廿七頁）。㈢在第十一章中他討論「傳統與革命在中國」。他說在中國過去傳統向有重大作用而遂有了週期性的朝代更遞之現象。在廿世紀科學技術時代，共產黨人替代了儒家官僚，事實上仍然是智識階級領導與管制人民大衆，且其心理亦使人回憶過去之獨裁政治。現在中共所使用之各種手段，卽爲各種洗腦、示威、清算、鬪爭、宣傳等現代方法，特別是家庭拆散而將傳統中對家庭孝慈之道，改爲對獨裁者的盡忠。但此點能否貫徹尙待時間的考驗。他最後肯定的宣布他的信念，卽當前俄國、美國之二十世紀，行將變爲中國之二十一世紀，且重大危險亦並非「黃禍」（Yellow peril），而是更嚴重的全世界（而不單是中國）步向全體性的官僚制度的技術制度的政體（第一六八至一七〇頁）。我們認爲他旣承認此種危機之可能，他便不應將現代之抱無道德觀念及玩弄權力政治之群魔及政客視爲中國儒家「脩己安人」之從政者的現代版本。西方學者等與其建構空中樓閣來誣衊中國儒家，不如切實檢討當前全世界之全面危機如何可以挽救。如僅是現代之技術主義與權力主義之官僚政治，而非儒家的中正和平之仁政，成爲未來時代特徵，則人類將有自我毀滅之危險。

我們不否認白氏治學之勤謹，與其興趣之廣博，我們所惋惜者爲以下兩點：第一、他受了近代唯物主義實證主義自然主義之影響，不肯從根本上認識儒家哲學與史學精神，而主觀的將中國在動亂時代的不良政治，歸咎於儒家「學者官僚」；第二、他所命定的廿一世紀歷史觀，認邇時將爲中國世紀，且共匪僞政權將依然存在。如他之此種推理係正確時，則人類很可能被原子大戰毀滅。我們對此兩點論斷均難同意，而堅信天道天理之昭彰，史大林、希特勒、毛澤東等人的統治乃屬暫時現象。我等當然不否認當前世局之日益嚴重，就中最著明的乃是：西方文化因數世紀以來之驕恣 Hubris，現在正遭受天罰 Nemesis。西方自羅馬帝國崩潰後，迭次謀求統一，每次終於失敗，其歷史充滿了戰爭之記載。中國因有聖王垂訓，復經先師孔子暨門徒將之發揚光大，故秦代崩潰後漢代之天下大一統制度終於成功，此後遂成爲定式模型。今日西方政治家學者等如欲使地球上各民族國家眞能融洽成爲大一統，如不採用中國儒家講道義的仁政，而去實行權力政治，則適如孟子所說之「緣木求魚」永成泡影。我們多年來即曾申言中國政治係前輩，西方政治係後生。後生可用力量欺侮前輩，但爲了建設和平共存之秩序，則終仍非取法於前輩所實行有效之道理不可。我切盼已經讀過或正準備閱讀白氏此書之中國學者們，對本文中所提請注意之諸點，能予以審愼深切的考量。

五十八年八月臺北文藝月刊

人口問題之新檢討

壹、引言——簡介人口學說

兩千二百年前，法家韓非子在五蠹篇中提出有關人口增長之議論。他說：「古者丈夫不耕，草木之實足食也。婦人不織，禽獸之皮足衣也。不事力而養足，人民少而財有餘，故民不爭。是以厚賞不行？重罰不用而民自治。今人有五子不爲多，子又有五子。大父未死而有二十五孫。是以人民衆而貨財寡，事力勞而供養薄，故民爭。雖倍賞累罰而不免於亂。」

在韓非子之後約兩千年，英國學者馬爾薩斯氏 Thomas R. Malthus 在一八二〇至三〇年代，先後提出他的人口論之不同版本，以批判英國戈特溫氏法國康多塞氏等樂觀論者之人類不斷進步論。他認爲人口係按照幾何級數而增加，而糧食則係按照數理級數而增加，故遲早人類必需採用有效的道德的節制手段，以阻止人口的過份增加，否則將遭遇到各種天災人禍，例如疾病、瘟疫、災荒、以及戰爭等等。他所主張之節制手段，爲晚婚與對性的節制，而不主張採用避孕與墮胎等方法。

馬氏學說自第一版問世以後，便引致批評乃至爭論。新馬氏主義者 Neo-Malthusians 接受馬氏之人口如無節制的增加則將引致危機之說，但堅持避孕等手段並不違反道德。栖聶耳氏 N. Senior 則指出馬氏未注意到：兩種「傾向 tendency」之應有分別。第一種重視起因，如不被阻止便將引致後果。但如說到一種傾向會得引致某種後果，也可被作爲該後果可能在事實上之必然實現。栖氏與華特廼主教等不贊成此第二種說法，因他們認爲人可能運用科學的手段或憑自身意志以防阻該後果之實現。費儒氏 A. Flew 則謂馬氏之基本貢獻，在於他以戲劇性的，有力的指出一項重要事實，而該事實直到今日尚未受到應有之注意，甚或故意的被置諸不理。此事實乃是借用栖氏之議論：「任何改進社會的計劃，除非一面增加生產，一面阻止人口爲同程度的增加，則不能完滿的收效。」（參看哲學百科全書第五册有關馬氏學說條）。

貳、近三百餘年來世界人口增加概況

根據人口學者卡爾桑特氏與聯合國專家等之估計，我們知道世界三百年來人口增加情形大致約如下述：在一六五〇年（亦卽明清易代後六年）全球人口共為五億四千五百萬人，內中亞洲（以中國爲主）計三億二千七百萬人，歐洲連俄國一億零三百萬人，非洲一億人，北美僅一百萬人南美一千二百萬人，大洋洲二百萬人。到一八〇〇年時，全球總人口卽增爲九億零六百萬人，就中亞洲爲五億九千七百萬人，歐洲一億九千三百萬，非洲減爲九千萬，北美六百萬，南美一千九百萬，大洋洲仍爲二百萬。迨到一九〇〇年，全球人口再增爲十六億零八百萬人，就中亞洲爲九億一千五百萬，歐洲爲四億二千三百萬，非洲爲一億二千萬，北美八千一百萬，南美六千三百萬，大洋洲增爲六百萬人。迨到一九六〇年時，全球人數更增爲二十九億九千五百萬人，就中亞洲爲十六億七千九百萬，歐洲爲六億四千一百萬，非洲爲二億五千四百萬，北美一億九千九百萬，南美二億零六百萬，大洋洲一千六百萬。（取自人人百科全書人口條）。

據最近聯合國公布之數字，世界人口在一九六七年中期已增達三十四億二千萬人之總數。就中有四分之三係在開發中之國家。每歲人口增長率最大之地區爲拉丁美洲，計達百分之二點九，次則南亞，爲百分之二點五，至非洲之增加率亦上升至百分之二點四。總之，世界人口三世紀以來已增達六倍之多，其上騰趨勢至足驚人。

一九五八年華府人口資料局主任柯克氏，曾指出中東地區中之埃及（其人口統計係列入非洲統計中）除沙漠地區外。其人口密度爲日本者之三倍，美國者之三十倍，而當時埃及人口每歲尙以百分之三之比率而增加。中東各國（其人口統計除埃及屬非洲外，餘均列入西南亞洲統計中）在一九七五年之人口估計，將較一九五六年者增加百分之六十三，約爲美國同期估計增加率（百分之三十一）之一倍。柯克氏因之申言中東地區之人口壓力，將與一隨時可爆炸之火藥庫相類似，而將引起世界危機。當前中東緊張的局勢證明柯克氏十年前觀察之正確。

據聯合國在一九五八年所發表之人口研究第廿八號報告，世界人口屆二千年時，其總數有三項估計，卽較高者爲六十九億，較低者爲四十八億八千萬，中間者爲六十二億八千萬。吾人觀於近年人口增長之趨勢而揣測，認爲除非世界發生原子大戰外，屆二千年時世界人口總數當在六十三億以上，而距六十九億相差不遠。

參、人口增殖與經濟開發之相關性

世界銀行經濟研究員賽丹氏 C. C. Zaidan，在其「人口增長與經濟開發」論文中（載本年春季金融與開發季刊），指出當前世界人口之增長率，較從西元一世紀直至一六五〇年時代之人口增長率，計高出三十倍；如專以待開發國家者而言，則應當增爲四十倍。此中關鍵在乎經濟之已否開發。

賽氏認爲當前人口雖在加速增長中，但同時世界上有甚多人之生活標準亦正在提升。未來的經濟增殖之潛能性，尚較人口增加之可能性爲重大。例如農作物中米麥等之新種，於培殖後在短期間竟增産二倍至五倍之多，而世界當前人口之增加率則爲每三十五年方增加一倍。賽氏指出根據一項調查，印度、印尼、巴西、智利、泰國、菲律賓等廿二開發中國家，需將總投資中百分之六十五，用於維持國民生活水準（每人收益）之不低落，而美國加拿大澳洲等十六已開發國家，則祇需將總投資中四分之一以下，用之於維持國民生活水準（每人收益）於不墜。他的結論乃是：開發中國家可設法㈠增加國民所得，或㈡同時減少人口，以求國民生活水準之提高。但用於降低人口增加之資金，雖所費甚微而收效實較大。一國祇需將投資於開發經濟的資金約百分之三用於限制人口之增加，則其對於生活水準之提高成就便甚顯著。此兩種性質的投資，實係相輔相成的。

賽氏文中載有數項圖表，原係根據柯爾氏 A. J. Coale. 有關印度等國的人口與經濟開發之研究報告，玆將其中第二、第三、第五表選列於後，以見一班：

原第二表

人口增殖減低後每一成年消費人（註）之收入上昇指數表：

年數	〇	一〇	二〇	三〇	四〇	五〇	六〇
指數	一〇〇	一〇三	一一四	一四一	一六三	一八六	二〇九

註：總人口中每一幼童作爲〇點五成人，每一婦女作爲〇點九成人計算，本表與下表所謂「人口增殖減低」係指將生殖率 fertility 在二十五年中逐漸減低而至最初之半數，邇後維持不變之謂，指數顯示增殖減低之效果。

原第三表

人口增殖從現在卽行減低與人口增殖延遲三十年後方始減低每一成年消費人收入之百分率比較表

年數	〇	一〇	二〇	三〇	四〇	五〇	六〇	一〇〇
指數	一〇〇	一〇三	一一四	一四一	一五八	一六三	一四九	一四一

原第五表

若干在開發中國家，因人口增殖而每歲所消耗之資源總值（按一九六四年美元計值，單位爲百萬美元）

印度	五〇七〇	巴西	二〇六〇
墨西哥	一五一〇	巴吉斯坦	六八〇
土耳其	五八〇	菲律賓	三八〇
泰國	三〇〇	馬來西亞	二五〇

從以上數表中我們可以看到：第一，如一國人口增殖過度，則將沖銷該國經濟建設的成果：第二，從即日起採用合理的人口增殖政策，使其增長率下降至適當水準，可使國民平均收益數字，隨經濟建設之成果而加速上騰；第三，爲了降低人口增殖過度而所用之資金，與建設資金有同等重要性，且二者實係相輔相成的。

賽氏柯氏等人之研究，一方面雖糾正舊日經濟學之對經濟開發不够重視之錯誤，一方面並未能推翻韓非子馬爾薩斯氏等人口論之中心論旨，且賽氏祇見到科學技術對經濟建設之積極成果．而未注意到科學技術時代生態環境之特殊重要性。

肆、生態環境的重要性

近兩世紀以來，科學技術突飛猛進，全球各國均在努力開發與消耗地下、天空、及海洋中之各種資源，而引致各種巨無霸式的工商業大都市之興起，中有藏垢納污被稱爲「榛莽 Jungles」

之貧民窟，後者逐漸擴大與潰爛，成爲各國「腹心之患」，而予共黨左傾人士以攻擊自由世界及資本主義社會之口實。

「醉心從事現代化者，每以「征服自然」「人定勝天」爲標榜，事實上此等人士多祇以圖利爲目的，將大自然與人類和諧相處的環境破壞，而未曾考慮到其嚴重的後果。與馬克斯氏聯名發表共產黨宣言之恩格爾氏 F. Engelo ，在一八四四年撰一文，描寫英國曼徹斯特城成爲工業中心後歐爾克河 Irk. River 惡劣情況，有如下述：「一條充滿惡臭、黑煤渣，與穢物之狹而淺的河流。在天旱時水面綠色黏膏底下冲出惡臭，使高逾四丈以上的橋上行人爲之掩鼻」。當前美國北部大湖區之伊利湖 Lake Erie，因週圍各工業大城之排洩污物，與農田淡肥之不斷流入而亦有變爲惡汚池之危險。生態學者與資源保存學者戴斯門氏 R. F. Dasmann 於敍述以上兩點之後，更擧出以下令人震驚的故事。十九世紀晚歲「牛瘟 rinderpest 」被傳往非洲，而非洲黑人白人所依賴之家畜牛與野生牛均獲病而死亡，且連帶的將近廿種之食草及食嫩葉的野獸傳染致死者甚衆。但另有不受牛瘟傳染之其他動物，則因之而意外繁殖，成爲人類所需用食物的供應者。又美國東部之野生硬木栗樹叢林，曾遇到寄生菌病而幾於全部絕跡。但東部植物種類甚繁，其他樹木隨卽生長出來而代替了野生栗樹。假使美國木業從業者認爲祇有栗木可以穫利，而於寄生菌病到來之前，將其他各種樹木均予清除而改種栗木，則其最終後果便不堪設想了。

戴氏認爲愈高度的發展之社會（例如美國），則愈應注意人與大自然（環境）之和諧的關係，他提出以下四項重點：㈠環境之需要健全，㈡環境之應保持多變化性 diversity，㈢環境之需要空間 space，㈣環境之必需美化。

康南耳大學生態學者柯爾氏 L. C. Cole. 撰文，指出陽光大氣泥土與各種動植物及土中微菌等等之間，有一種甚爲微妙之相互作用，而使氮氣變爲阿摩尼亞氣，再展轉的由後者還原爲氮氣。至大氣中之氧氣與二氧化碳氣之經過陽光生化作用而還原，與氮氣之循環還原同對地面生命有極重大的關係，旣微妙復更複雜。如土壤中之微菌受了化學肥料之影響，而引致還原之停頓，則後果不堪設想。柯氏指出地球表面甚多號稱待開發國家者，實際上應被稱爲「過度開發國家」，因古代之伊朗、伊拉克、迦納、埃及、印度、墨西哥等國均本係沃土，祇因平衡破裂其地力被消耗後，國力方始下降，致成今日之狀況。

柯氏籲請美國人士注意美國上空之氧氣被消耗情形，而謂當前美國上空大氣中從光力生化作用 photosynthesis 所產生出來的氧氣，祇約等於所耗用者之百分的六十，其不敷數量主要的係來自太平洋中，但假如海洋中矽藻 diatoms 或牠們所依賴以將氮氣固定化之微生體減少，則美國人便將缺少氧氣了。近來美國產生巨量化學合成品，其中流入海洋者數量甚巨，（例如 DDT 以及除野草藥劑等），可使氧氣之循環爲之破壞。

美國華府人口資料局，近年對於地球生命層 biosphere 所受到種種染污 pollution 之惡劣後果，不斷撰文呼籲，以冀引起政府與公衆之注意。美國國會終於一九六七年通過維持大氣清潔法案 Air Quality Act，在「衞生教育與福利部」之內設立專局以司其事。詹森總統於該年十一月簽署該法案時，聲稱：「美國人每年將一億三千萬噸的毒素抛入天空中。如再不將之糾正，則美國行將變爲人人均需帶防毒面具的國家，而我們祇能在待斃的都市與鬼城中，苟延殘喘而已。」

最近聯合國秘書長宣布，擬於一九七二年召開一國際會議，專責討論保持地面環境之健全問題，而防阻其繼續遭「毒化 poisoning」此建議除瑞典等國響應外，尚未獲得各國政府與公衆之普遍的贊助。

伍、幾項有關人口危機之警世的呼聲

最近有甚多國際知名人士，對人口增加的危機，極力呼籲各國政府與公衆通力合作，將之防阻。茲簡略的介紹國際銀行總裁前美國國防部長麥克瑪拉氏，英國科學家前技術部長斯諾氏，及蘇俄科學院院士氫氣原子彈製造者薩克哈洛夫氏三人之主張與建議：以見一班：

㈠麥氏於本年五月一日在美國聖母大學接受名譽學位後，向該校師生講演人口無節制的增加之危險。他說，古代人口達二億五千萬人後，需經過一千六百年方始增加一倍而達五億人：但現代祇需三十五年，地面的三十餘億的人口便卽增加一倍。今日墮地的兒童，到了七十歲時，將與其他一百五十億人在地面競爭求生存。六百五十年後地面每人將祇有一平方尺之地可以容身。今日世人被迫在提高死亡率，向外移民，與減低生殖率三者之中，選擇唯一可行之路，亦卽合理之路——降低生產率。從開發中國家之立場而言，每一國民之營養水準與國力攸關，而因人於出世後四年之內，其頭腦有百分之九十便已完全發展，故一國寧願每歲有適度的營養充足的嬰兒出世，而不願大批增加營養不合標準的新國民。他說當前情勢甚爲明顯，卽是：如社會當局不願協助無力量的父母，來節制生育，則他們勢必將採取對良心與健康均非所宜的手段。麥氏認爲無節制的人口增加之壓力，與原子彈的威脅有同等的嚴重性。（國際銀行所公布之麥氏講演詞）

㈡斯諾氏於去歲十一月十二日在美國密蘇里州「西寺學院」講演。一九四六年邱吉爾氏曾在該院於講演時喚出「鐵幕」警言，而使全世界提高對蘇俄之警覺性。斯氏此次在其講演中則提出當前全人類正在「被圍攻狀況中 state of siege」之警言。他說正值人類在上昇太空與發展全球通訊方面，有卓越成就之時會，我們在電視中所不斷看到的，則是人類所受到的痛苦、饑餓、及屠殺，而此種行爲已成爲司空見慣，不復受到重視。正與一種名爲「雪鞋兎 snowshoe hares」之小動物相似，遇到惡獸追踪時，便失去逃生意志，而集體的任其呑食；人類對於人口增長的威脅，亦明知故昧的不加理會。斯氏認人口爆炸與連帶的貧國與富國之「間距」愈來愈遠，最晚在本世紀終了前，解決之方勢將僅爲大屠殺，亦卽死亡率之上騰，而非專家等所鼓吹的生殖率之下降。斯氏主張以下三項解決之方：第一、各富國發動以巨款及技術協助貧國的大計劃；第二，貧國將它們的農業生產全面革新；第三，貧國與富國全面合作，使前者人口之增長「減緩或停止後者人口增長亦需減緩。斯氏對他的建議能否實現之可能性，不抱樂觀。

㈢薩克哈洛夫據稱有蘇俄「氫氣原子彈之父」的徽號，其人年事尙輕，曾有若干主張被俄共政權禁止公開宣布。他之有關人口問題之建議，係於一年前由紐約時報代爲公開徵求讀者評論，據聞俄共「眞理報」對之曾有「批評 critical comments」云云。

他認爲在當前世界分爲自由與共產雙方時，任何改進人類狀況之企圖將無法實現。他的論文分爲（甲）「危險」與（乙）「希望」兩大部分。關於危險者計有七項：⑴原子戰的威脅；⑵越南與中東；⑶國際緊張狀態與新原則⑷饑饉與人口爆炸（及心理上之種族主義）；⑸環境之被染汚；⑹「警察之獨裁」；⑺對智見的自由之威脅。關於希望者，他認爲國際趨勢將歸於「合流 convergence」，可以由以下四端察見：卽：⑴共產國中之史派毛派居一邊，而另一邊有列寧系左派共黨及西方各國左派與之對峙，迨到一九八〇年時，雙方終將被迫而同意共存；⑵資本國家如美國勢將與共產國共存；⑶美蘇和解後，雙方合作而解決貧國之問題；他主張將富國預算五分之一撥充發展世界生產設備之用；⑷在「智見自由」，與科學及經濟進步大氣氛之下，「世界政府 world government」可望成立，而進行從事解決各國間之矛盾。他提出八項結論如下：⑴加強和平共存與合作⑵力求征服饑饉計劃之實現；⑶製訂新聞與傳播之法律，防止檢查制度，獎助自由思想；⑷一切「違反憲法之法律與限制人權之法令」應予取消；⑸釋放所有政治犯人；⑹徹底的將史達林暴行公布；⑺厲行經濟改革，擴大實驗，從成果中達到結論；⑻制訂「環境衞生法律 law on geohygiene」，在全世界推行。（以上斯諾氏與薩氏議論均採自本年三月份華府人口資料局月報）

以上三人所論均屬言之成理，但就中薩氏是所說是否出自衷誠，抑係由於俄共當局之授意，而以美麗之言詞使自由世界降低警戒，並反鼓勵姑息主義者之抬頭，殊不無可研考之餘地也。

陸、結　論

從古迄今，人類每於學術事功有最顯赫的成就時，亦適抵達日中則昃之時會，自茲以後則內憂外患接踵而來。中國之秦皇漢武唐太宗清高宗，西方之古雅典古羅馬乃至大英帝國等等，均於國力抵達高峯之後，轉趨下游。歷史之例證具在，可資考驗也。

本文成於美國太空人登陸月球成功之後，著者一方面追隨全球人類，衷心慶祝美國科學技術之卓越的成就，然另一方面則對於世界人口增長所引起之危機，更倍增關切，而企求其能獲得解決之方。

此一問題之頑强與複雜，其解決方案之不易付諸實施與收獲效果，較諸將太空人送登月球實係遠爲困難。吾人殷望美國負責當局能體認事機之迫切，迅與世界各國政治家及社會領袖審愼協商，求此關係人類存亡問題之合理的解決。苟能如是，則其對人類之造福，與成就之偉大，當更炳耀於青史，而邁出於太空人登陸月球的成就之上也。

五十九年元月十六日文藝復興月刊

我們對於「美亞報告」公布後應有之認識

「美亞報告」的公布，雖在美國親共的美亞雜誌上盜用政府機密文件案發生後二十五年，但在今日世變正殷是非難辨之會，此報告的公布，不僅顯露當時美國政府中若干處於關鍵地位的政府官員之踰越職權，洩露國家機密，而尤爲重要者，當爲是非大白，公道彰明，使後代歷史家獲知當前風氣敗壞士習囂張之所由來。

從美亞雜誌事件之後，經過美國國會與政府之一連串的調查，以及社會上愛國學者之聲討，美國共黨之潛伏於公務機關者無所逃形而終於陸續退出。故至少在行政部門之中當前左傾的程度已較「新政時代」遠爲低降。但所謂「同路人」等之隱伏而待機再舉，自非不可能之事，值得我們警惕。

一九四八年美國衆議院對希斯與懷特的調查詢問，一九五〇年參議院對拉鐵摩爾、居禮、謝維茲等人的調查，一九五一與五二年該院對美國太平洋學會中人物例如哲石甫、費正清以及甚多學府與學會中之左傾學者的調查，乃至一九五三年美國公務員保安審查會對原子彈之父奧本哈默的停止其參預國防機密之決定，尤其是參議院自一九五五年起調查前財長毛根索任內每日大事記錄中，有關中國部分之資料，而在一九六五年所公布由顧貝克博士主編幷撰寫長篇序言之報告，先後將美國親共分子在政府與其他方面，協助俄共、中共終致我國大陸赤化之經過烘托出來，使其無法逃避天下後世之公論，實爲治歷史者重要的資料。

顧貝克關於「美亞報告」所寫序言義正辭嚴，爲各方所欽佩。在這裡我願再指出顧貝克爲毛根索文件研究報告所寫之序言中最重要的一點，當爲美國左傾官僚等向其政務繁忙之長官等所使用的四項策略，那就是：㈠提供不正確的報告；㈡執行政策時將之歪曲化；㈢將要務延擱緩辦；㈣散放惡意宣傳。以上四要點初係中國之友周以德博士所提出，顧貝克特別對之重視，幷主張惟有民意機關之隨時調查與詢問，促使政務長官等之留意而不受蒙蔽，方可防阻官僚政治的嚴重後果。

較以上所提到的更爲重要而與人類前途有關的一點，乃是美國號稱爲自由主義者在社會與學府中之根深蒂固與始終拒絕認錯，故西方文化雖已迭現危機而抵達當前之嚴重階段，仍無回頭景象。此等人士對國會、政府與社會中之反共者，例如已逝世之塔夫脫與馬加錫等參議員，聯邦司法調查局局長胡佛，副國務卿格魯，以及甚多之愛國學者，大多採取批評與不信任態度，而對被調查的左傾人士例如希斯等人，反迭次表示同情，對自由中國則批評遠多於讚揚。

甘迺迪前總統曾於一九四九年一月三十日在麻州賽倫城以衆議員身份講演，痛斥美國將大陸斷送之失策，而列舉馬歇爾、史迪威、拉鐵摩爾、費正清等人主張之錯誤。尼克森總統於一九四八年在衆議院以百折不撓之精神，終將希斯係共黨而作僞證之事實揭舉出來。他們二人先後被民衆擁戴進入白宮，但其政策仍不得不沿襲僞自由主義者之主張，設法企求與共產國家覓取妥協共存之途徑，而世局乃日益艱鉅。此卽緣於在社會中左派之議論，仍然有重大的壓力，故政府當局雖係堅決反共者，終不能不表現妥協的姿態。我們對美國當局負擔之重，境遇之艱，深有體會與同情，但對美國僞自由主義者誤他人與誤自身國家之主張，則期期不能同意，我與美國國會數項調查報告中所列舉之若干重要人員，過去曾在公務上與之接觸、交涉與辯論。今日承邀參加座談，回憶當年，實在有說不盡的感嘆，且更爲西方文化前途懷抱杞憂。

五十九年二月廿四日中華日報座談會

論二十世紀之科學技術文明

二十世紀，是科學技術的大時代。科學技術爲人類創造福利，但亦帶來了若干嚴重的困擾，從而肇致西方文化的危機。以下我們先任意略擧若干科學技術進步的例證，然後將數項科學技術在現代所產生的不良的副作用，酌予列擧，進而指出科學文明爲人類所帶來的危機。

壹、科學技術進步的擧例

（一）農業：美國當前的畜牧場，除去牛仔（Cowboys）所戴之寬邊帽與所穿之高跟皮鞋外，與電影、電視上所常見之畜牧場已不復相同。牧場中芻秣供應之增加，首先應從加重蜜蜂的工作開始。牧場主人向蜂場主人租借（rent）較正常狀況下所需高出數倍之蜜蜂，在一定飼料區域進行採蜜，而主要目的則在輸送花粉，以增加飼料之產量。蜜蜂因工作疲勞過度而死亡，但蜂場主人因「租金」較出售花蜜獲利爲多，故並不愛惜蜜蜂的生命。牧場則因飼料收穫較通常增加數倍以上，亦認此舉爲合算。牛羣不被放逐在草原上吃草，而是成排的站立在飼料槽前。飼料有機械自動輸送，永遠不缺。牛的肩背上數吋處有通電之弓形裝置，牛羣受過觸電的教訓，而不作蠢動之想。擠乳手續有機械處理，所排泄之便溺，亦由機械清理。這類牛在二年半後，便需送往草原休養十月至一年，方可重行出奶。但場主爲圖利起見，不將牛送往草原，而逕行送往屠宰場，以便獲得較多的金錢。

在一九四六年，美國奇異電氣公司若干專家開始研究人造雨之理論與實驗，夏佛氏（V. Schaefer）首先在實驗室中，將各種類似結晶體之細末，散撒在人造的超冷雲層（supercooled）實驗箱中，希望使其凍結而成雨。經過多次失敗之後，夏氏無意中將一把「乾冰細末 dry ice」灑入人造雲箱中，而發現了奇蹟，該箱牆壁上竟有雪花凝結。同時公司中另一專家馮硒葛氏（B. Von negut）於研究將及兩千種結晶體之構造後，發現了攝影所用的銀碘化合物（Silver iodide）與冰結晶體結構最相近，於是一九四六年十一月十三日，正式在天空大氣中實驗之人工造雨術終於成功。目前已有若干小公司，經營人工造雨的業務，而將銀碘化合物噴射器裝置在飛機上，在指定之地區上空雲層中噴射造雨，以便利農作物之生長，特別是供應旱區畜牧場所需要之水源。

（二）工業：科學與技術上之發明，爲現代經濟社會增長的主要原動力。美國杜邦（Du P-ont）化學公司係世界最大的化學企業公司，並代表美國政府生產輕氣原子彈器材。該公司有設計單位，計劃此後數十年內問世的產品。其中有一所實驗室，其名義在大門銅牌上標明爲「公元二千年」，所研究者則爲二十一世紀之產品。該公司每年支出研究費約美金三千五百萬元，僱用專門人員將及二千人，分在三十三所研究實驗室工作。此等專家所研究之計劃種類甚多，計每歲三百六十五日，平均每日得到政府專利特許權一件。在此種大企業中，天才與組織的衝突在所難免。一九二七年哈佛大學天才化學家卡羅州氏（W. H. Carothers）爲該公司羅致，而首先進行研究人造纖維。到了一九三五年二月，經過卡氏之理論研究，自煤與石灰中提取出能抗熱至華氏五百度之「多元巨分子六十六號 Polyamid 66」，亦即其後請得專利權而被命名爲「耐隆 nylon」之人造絲，當時公司急於生產圖利，不同意卡氏的暫緩製造以待品質改進之主張，而忙於利用專利權從速設立耐隆工廠。該廠完成於一九四〇年正月，杜邦公司歷年獲利無算，但卡氏則在一九三七年因失望而自殺，享年僅四十一歲。

（三）電子計算器：費愛佛氏（John Pfeifer）在一九六二年著有「思想機器」一書，討論電子計算器（通稱電腦）之過去與未來，他認爲電子計算器可以用來分析腦微波與癌的細胞，也可以預告氣候，及爲了設計原子武器而解答數理公式。我們知道此種計算器的原理，可以上溯至十七世紀萊布尼茲與十八世紀巴斯噶兩位學者，而本世紀自三十年代起，布許氏（Vannevar Bush）與他的共事者在美國麻省理工大學林肯實驗中心的努力，對此種機器之不斷改進收效甚大。電腦使自動機械被大規模的應用於各種工業，且對公私企業之管理，以及新的科學如太空科學等有重大的貢獻。

貳、科學技術所產生之不良的副作用

（一）電腦之自動控制機械有脫離人的控制之趨勢：最近數學家克曼理教授(J. G. Kemeny)在奇異公司論壇雜誌發表論文，他認爲到了美國下一代時，應用計算器與學會寫字讀書有同等的重要性。在克氏所任教之達特牟斯（Dartmouth）大學中，對於推行應用計算器的教育已有多年的歷史，到目前該大學的學生中百分之八十均會操作電腦了。克氏復謂他曾算出美國「落斯阿拉摩斯「Los Almous」原子實驗中心，在一九四五年全年中所做之數理計算，今日祇需一位一年級的學生在一個下午便可計算完畢，而同時此君所使用的電子計算器仍可供其他三十人同時使用。克氏更預言，到了一九七八年時，所有全美國的大學生均將會使用電腦。這種進步有利亦有弊。請看以下一件事實：在一九六五年十一月某日，美國東北部地區自紐約起而直至加拿大邊境，忽然電力傳遞發生故障，有八萬方英里的區域包括紐約與波士頓等大城市在內，全部陷於黑暗。當時電力工程人員張惶失措的情況，在數日後出版之某雜誌上的一張照片上全部顯示出來。該照片顯示在電力公司總管制中心有工程人員多人，站立於東北部電力系統操作總圖案之前，面部現出惶惑不解的表情。該雜誌在照片旁加註說明曰：「東北部電力總通路 North east Grid B 乃是一座綜合的，互相通聯的通電路體系，但祇有執行管制任務的各種機械，能在其中相互的進行通訊與呼應，而與人的責任毫不相干。沒有一個人能提供此通路何以中斷的理由。」孔蒙勒（B. Commoner）教授在其所著之「科學與人的生存 Science and Survival 」一書中論曰：「假使文勒教授尚未逝世，他當可對此次機械失靈之事件提出解釋·因文氏係『主宰控制學 Cybernetics』的創始人，而複雜之電子通路之被電子計算機所管制之設計，係根據於此一門科學的。」文氏於該事件發生前六年，曾經對用於下棋之電腦有所解說。此電腦於開始下棋時，尙時常發生錯誤，而爲其對手方棋師所擊敗，但經過十至二十小時的比賽後，電腦對於對手方下棋步驟有充分記載與了解，而其計算較對方既迅速復準確，遂迭次獲勝。文氏指出從技術觀點而言，現在已可製成自動運轉的機械，「而此機械可以肯定的逃避製造該機械的技師等全面有效之管制。」孔蒙勒氏謂美國東北部傳電發生故障之事件，卽屬於此種性質，因負責管制總電力通路之機械，在設計該機器之工程師等，尙未來得及了解與改正其訓令以前，已經自作主張的接受到原設計的規則命令等，而採取了與工程設計人員原意不相符合的行動了。

（二）生態上的無知（Ecological Ignorance）使地面表土受侵蝕，空氣、地下水等受染汚：美國女科學家卡遜氏（R. Carson）在逝世前曾著一書，命名爲「無歌聲之春天」。她在書中痛言殺蟲劑之濫用，使土壤中微菌蠕蟲死亡，土壤變質而引起了一連串的陸、水、空中生物之生態的變化，平衡之破裂等現象。孔蒙勒氏書中述及第二次大戰時，美國空軍首次噴放殺蟲劑D. D. T. 將某海島上之蒼蠅全部掃除；但過了一週後，海灘上發現了大批受了殺蟲劑之毒害而死掉的魚類，而吸引了從大陸上飛來的蒼蠅，重新盤據於該海島。近年自重油中所提出之化學洗濯劑已取代了肥皂之地位，而可用於硬水中以清除汚垢，但其與肥皂不同之處，乃在肥皂水流入地下後，土壤中的微菌能迅速的將其炭水化合分子分裂，而將之吸收。但洗濯劑則因其炭水化合分子之構造中有「分支連鎖 branch chains」。而微菌中的酵素，無法將之分裂吸收，遂引致地下水、河水、乃至自來水管中此等物質之無法清除，與產生大量的氣泡，將地下水汚染；直至一九六五年，方始覓得局部改善的方法。又如近年二氧化碳在大氣中成分之逐漸增加，使此面溫度發生變化，地面低地遭水淹浸，甚或引致冰河時期之重行出現。此外硝酸肥料之被大量使用，引致飲用水中硝酸鹽成分增加，對人生均有不良的後果。

（三）人對權力、金錢之無饜足之要求：現在有甚多人因受了科學技術進步之刺激，而放棄了過去「以義爲利」之人生哲學，只知以全力追求金錢、權力、與各種意欲之滿足，且爲了達到目的而不擇手段，更假借「倫理的相對主義」、「新道德」等學說以爲掩護。

（四）各國大多賴軍事支出以維持景氣：目前世界人口激烈上騰，西方白種國家雖土地資源及工業技術遠較其他國家與民族爲優越，然事實上已被迫採取守勢。蓋現代科學技術管理組織等學問係公開的，人人可以學習的，有色人種國家人口旣衆多，而工資水準亦低，且豐富的資源尙未經開發，故如此等國家採用開明政策，及現代之技術與管理，則若干年後便可追及甚至超越西方之成就。但若此等國家施行共產式之統制政策，則將對西方國家採取敵對態度，故西方國家便不得不增加其國防裝備與支出。當前事實上不問自由世界或共產國家，其經濟之景氣，直接間接均有賴於巨大的軍事上之支出。著「廿世紀之終結」一書之金希利氏，指出當前各國用於軍事及裝備費用，爲平均每日美金四億八千萬元以上。迄一九六八年止，諸大國原子彈器材總量已增至平均地面每一人便擁有三百噸新式炸藥之爆炸力。

（五）自由世界與共黨國家均有通貨膨脹之現象：通貨膨脹與吸用毒品相類似，上癮以後，很難戒絕。當前科學技術之進步，與通貨膨脹齊頭並進。科學技術未完全掌握在有道德的權威者手中，而爲殘民以逞之共產政權與重利輕義之西方寡頭企業家所掌握，成爲當前之嚴重問題。學者中有人認爲一國（例如美國）有了豐富的資源與人力，加上科學與技術，便可不怕通貨膨脹的困擾，此乃是一種天眞的看法。

總結而言，當前對人類最有恩惠之科學技術，業經產生了以下兩種副作用：㈠新的科技被違反道義的共產國家所利用，而企圖用之以征服其他人類爲其奴隸。㈡就長期而言，科學技術之指數式的進展，雖全球已開發之資源，亦漸形不足以供應全人類在當前無節制的、加速度的、累積的需要。以上兩點爲當前西方文化危機之重要因素。此外如社會之急激變動，青少年人數佔全人口中比率之上騰，宗教意識之消沉，哲學思想之偏鋒進展，均直接間接引致危機之擴大。

參、科學文明所帶來之危機

關於二十世紀之人類危機，在十九世紀時代的學者如卜克哈特及尼采等人已預言其端倪，馬克斯提出「自我乖離 alienation」的口號，而甚多的學者們與政治家等則預言二十世紀行將爲美俄兩個「大衆社會 mass society 」所控制，迨二十世紀此種說法更成爲思想巨流。當前之西方文化正充滿著極離奇的各種矛盾，索羅金謂西方文化之最主要的自我矛盾，是此文化一方面對人讚美光榮化 (man's glorification)，同時亦對人貶黜降格化 (man's degradation) 一方面盡力讚揚在文化上與社會中人爲的成就，另一方面則將人類自身與其文化的及社會的價值貶低。

西方目前之危機，據馬斯羅氏 (A. H. maslow) 在「人的價值之新的認識」論文集中序文所指出，乃係一種缺乏價值之狀況，而被描寫爲反常，無道德、無根、空虛與絕望。所有經濟繁榮，技術進步，普遍教育，民主政治等靈藥，於實地應用之後，便被指證爲不能肇致和平、友愛、寧靜與康樂，亦卽藥不對症。

歐洲本來是西方文化的中堅，但自兩次大戰與科學技術突飛猛進後，從廢墟中重振的歐洲，較小部分之東歐，受迷信「技術主義」之俄共帝國所控制，其較大部分之西歐與南歐，則經過了「美國化 Americanization」（事實上卽是技術化）之洗禮。最明顯的例證爲過去二十年來美國在軍事上與經濟上對歐洲之大力援助，以及其私家公司與個人對歐洲企業界巨額之投資。近數年來美國因通貨膨脹與海外軍事費用激增，轉而向歐洲商請通融協助，受到法國政府之奚落與打擊。然從文化方面觀察，則歐洲文化始終未能重振。英、法、德、義等國十九世紀的文化巨子逝世後，繼起者大多意志消沉，卡夫卡（Kafka），奧維爾（G. Orwell），史賓格勒（O. Spengler）以及小赫胥黎（A. Huxley）等人，成爲西方文化沒落的預言家。法國文學大師紀德（A. Gide）在十九世紀末年，卽曾在其日記中寫過：「智者依照他的智慧而生活，不需要道德。我們應當努力來達到此種超級水準的不道德。」二十世紀的法國無神論的存在主義大師薩特爾（J. P. Sartre），出入於馬克斯主義者多次，終被蘇俄作家法第也夫罵他爲資本主義的走狗。史賓格勒於一九三六年逝世前，曾預言黑種人勢力行將上升，並終致黑白人種之衝突。湯恩比氏著歷史的研究十巨册，引用希臘古訓「狂妄驕恣 hubris」必引來天罰 Nemesis，爲西方文化衰落之一重要論點，受西方一百餘學者之圍攻，他在該書第十二册中仍然堅持其立場。前年冬間，湯氏在美國生活雜誌「答客問」篇中，有若干不合理的議論，但他所說英國法國均從失敗中領受教訓，當前美國亦應認錯而力求黑白種族和諧之說，以及世事難得長久完美，將美國視爲地面天堂的迷夢應當覺醒之說，則是與中國古訓之原則相符合的。

近歲伊朗哲學家納塞爾氏（B. H. Nasr）應羅氏基金會之請，在芝加哥大學講演，以「天人衝突，現代人之精神危機」爲主題，而指出現代迷信「人定克天」者對大自然不再崇敬，而將之作爲剝削對象，使天地人之和諧破裂，其後果不堪設想。他在四次講演中，引用古今中外哲人議論甚多，特別推重中國道家老莊思想。他企望東方形上學與基督教形上學合作，重振大自然之精神性，而將現代科學遭到誤用後之惡果予以中和化，並將科學納入一種具有「普遍性的展望 universal perspective」之中，以俾人類從而獲救。

我們深信二十世紀世局日益艱鉅，則愈足證明中國古代聖哲「天人合德」思想之正確。蔣總統於 國父一百晉一誕辰中山樓中華文化堂落成紀念文中，指出中華文化之基礎首爲倫理，次爲民主，又次爲科學——此不僅是中國正統思想之重行標擧，且更足爲現代人類得救之圭臬也。

五十九年七月中央月刊

簡論中國古今來教學養老之傳統

壹

中國在世界各國中是以「教幼學」與「尊耆老」爲一貫的精神傳統，而相沿而下至今不失的。禮記學記篇中載有以下一段：……

「發慮憲，求善良，足以謏聞，不足以動衆。就賢體遠，足以動衆，未足以化民。君子如欲化民成俗，其必由學乎？玉不琢不成器，人不學不知道；是故古之王者建國君民，教學爲先。……學然後知不足；教然後知困。知不足，然後能自反也；知困，然後能自强也。故曰：教學相長也。……古之教者家有塾，黨有庠，術遂有序，國有學。比年入學，中年考校，一年視離經辨志，三年視敬業樂羣。五年視博習親師，七年視論學取友，謂之小成，九年知類通達，强立而不反，謂之大成。夫然後足以化民易俗，近者說服而遠者懷之，此大學之道也。」

關於養老者，禮記王制篇中有如下之記載：「凡養老，有虞氏以燕禮，夏后氏以饗禮，殷人以食禮，周人脩而兼用之。五十養於鄉，六十養於國，七十養於學，達於諸侯。八十拜君命，一坐再至，瞽亦如之。九十使人受。……有虞氏養國老於上庠，養庶老於下庠。夏后氏養國老於東序，養庶老於西序。殷人養國老於右學，養庶老於左學。周人養國老於東膠，養庶老於虞庠，虞庠在國之西郊。」（鄭註：「皆學名也；異者四代相變耳。或上西，或上東，或貴在國，或貴在郊。……」）

許愼說文曰：「天子餐飲辟雍。」班固白虎通德論曰：「天子太子，諸侯世子皆就師於外，尊師重先生之道也。……天子立辟雍何，所以行禮樂宣德化也」。孝經鈎命決曰：「天子臨辟雍，親割性以尊三老」，杜佑通典卷二十論「三老五更」曰：「三老五更，昔三代所尊也。（原註：三者，道成於三，謂天地人也。老者舊也，壽也。詩云方叔元老，書稱無遺我黃耇之言，則罔所愆。五者，訓於五品。更者更也。五世長久更相代，言其能以善道改更己也。故三老五更皆取有道，妻、男、女完具者爲之。……）天子父事三老，兄事五更，親袒割牲執醬而饋，執爵而酳。三公設几，九卿正履。……使者安車輭輪，送迎至家。天子獨貴於屏。其明日三老詣闕謝，以其禮遇太尊故也。」照以上所論，我們如將中國在大一統時以儒家思想爲主之政體，與西方自羅馬帝國而迄十八世紀末年之歐洲專制政體相提共論時，則未免有失於公允了。

貳

我們在今日西方文化遭遇危機之時會，對民初之崇新疑古的學派所主張者，已不復能作無條件的接受。我們縱對本文中所引用之幾段古書之眞確性抱有懷疑，但對本文主題所指稱，謂中國從古以降有「敎幼學敬耆老」之傳統仍然可堅信而不疑。

我們儘可以承認大戴禮非戴德之書而係後人所輯；我們亦可接受章太炎氏所言小戴禮記中王制篇係漢文帝時「博士鈔撮應詔之書」（駁皮錫瑞書）；我們更可同意「孝經鈎命決」爲漢代緯書之一種，而內容難以徵信；然我們仍可從考證非僞之儒家經典中，覓出最少從周代以降，王者尊師重道化民易俗，學子藏脩息游敬業樂羣的傳統。此與在同時代的西方係截然不同的。

古斯巴達的教育，係以養成戰士爲主，而不是以文武兼資之通才爲目的。據布盧塔克 Plutarch 所論，斯巴達青年祇粗通寫與讀，以及學會背誦法律。此外則專一的受軍事訓練，以吃苦耐勞爲重。雅典在柏拉圖時代尚無公共學校。私人敎師多係詭辯者，以收取束脩傳授生徒如何在爭辯中與訴訟中贏得勝利爲主。其課程有書數與音樂及運動，但無相當於儒學者所重視之「禮」

的科目。自柏氏與亞理士多德相繼創辦學校傳授哲學科學後，方樹立起來西方之學術傳統，但希臘本國則日薄西山而淪爲他國的附庸了。

羅馬的武功雖炳耀千古，然在文化方面則成就不大。除去西塞羅、凱撒，與少數史家詩家外，羅馬所遺留予後代者，主要的在武功與法律方面。基督教與希臘哲學係來自國外，而歐州蠻族入侵後羅馬帝國卽行崩潰分裂，與中國自兩漢三國後蠻族入侵終於隋唐時回到大一統之結果，大不相同，所以然者主要的爲中國有敎幼學與尊者老之儒家傳統，而羅馬帝國則本身無此種傳統之故。請再略加申論之。

參

漢高族出身亭長讀書不多，但他能知周秦之間文旣敝而反用酷刑之繆妄，故乃約法三章與民休息而「得天統」（太史公語）。「項王已死楚地皆降漢，獨魯不下。爲其守禮義爲主死節。乃持項王頭示魯，魯父兄乃降。」（史記項羽本紀）「魯世世相傳以歲時奉祠孔子冢，而諸儒亦講禮鄉飲大射於孔子冢。……至于漢，二百餘年不絕。高皇帝過魯以太牢祠焉。諸侯卿相至，常先謁然後從政。」（史記孔子世家）。文帝令羣臣「舉賢良能直言極諫者，上親策之傅納以言」。武帝初立，不用所舉賢良中「治申商韓非蘇秦張儀之言」者，而下詔謂：「扶世導民莫善於德。

然則於鄉里先耆艾，奉高年，古之道也。」班固稱其「卓然罷黜百家，表章六經。遂疇咨海內學其俊茂，與之立功。興太學，脩郊祀，改正朔，定歷數，協音律，作詩樂，建封壇，禮百神，紹周後。號令文章煥焉可述。」其後昭帝擧賢良文學，增博士弟子多人，俾其與公卿等辯論鹽鐵公營利弊，成帝末增弟子員三千人。

經過王莽變法赤眉之亂後，「光武受命中興，投戈講藝，息馬論道。孝明垂情古典，游意經藝。每享射禮畢，正坐自講。諸儒並聽，四方欣欣。多召名儒以充禮官。其餘以經術見優者布在廊廟。朝多皤皤之良，華首之老。每讌會則論難衎衎，共求政化，詳覽羣言響如振玉。期門羽林介胄之士，悉通孝經。博士議郎一人開門，徒衆百數。化自聖躬流及蠻荒。匈奴遣伊秩訾正大車渠來入就學。」（後漢書樊準上疏）。

明帝以李躬爲三老，桓榮爲五更。永平二年，明帝率羣臣躬養三老五更於辟雍，行大射之禮。饗射禮畢帝正座自講，諸儒執經問難於前。冠帶縉紳之人圜橋門而觀聽者甚衆。

魏高貴鄉公卽位，幸太學，命王祥爲三老，鄭小同爲五更。祥南面几杖，以師道自居。天子北面乞言，祥陳明王聖帝君臣政化之要以訓之。

後魏孝文帝養老於明堂。以尉元爲三老，游明根爲五更。帝再拜，三老肅拜。給三老上公之祿，五更元卿之祿。北方民族之漢化由來蓋有自也。

此外如北齊後周均有養三老五更之禮。唐制仲秋吉辰皇帝親養三老五更於太學。所司先奏定三師三公致仕者，用其德行及年高者一人爲三老，次一人爲五更。遠自周代以降有鄉飲酒與鄉射之禮，具見禮記鄉飲酒篇及射義篇。我們從史記孔子世家所載，可見到以魯國孔門儒學爲中心，對於自漢代以降中國文化之重大影響，而其關鍵在於歷代開國的賢君認識與學尊老的重要。假定亞歷山大王能享大年，而令他的衆將均受教於亞理士多德，又假定愷撒與安東尼奥古斯忒等人均能如西塞羅一般，而重視人文學術以陶鎔歐非各民族，並將之定爲成規傳遞而下，則不待基督教興起後歐洲北非中東當早已聯爲一體，而可與中國漢唐之治比美了。

肆

我們對於民初疑古派之成就與錯誤處不願置喙，但願指出：那是一世紀以來西風東漸之後果之一，亦卽是西方的世俗主義，僞自由主義，與技術主義所引導的後果。西方學者於今日其文化危機日益嚴重時會，正在努力從事於重振基督教傳統，並借助於中國儒家道家思想。以下一段係取自道孫 Christopher Dawson 教授近著「西方教育之危機」書中：

「美國式的生活係建構於三重的自由傳統基礎之上，卽是：政治的、經濟的、與宗教的自由。假如現代世俗性的力量，竟能將此數項自由束縛入於單一龐大的技術秩序之中，則美國文化所依據的基礎便將被毀棄了。美國式的生活祇能在一「基督教的文化」之架構中，方能持續下去。如此種關係失落後，美國所賴以立國的要素便亦將失墜，而美國民主政治遂亦變爲那種技術秩序之附屬品了。」

文化哲學家冦克氏在他之最近專欄論文中，除引用道孫氏論文之外，更贊揚道氏友人穆洛伊 J. J. Mulloy 近年在費城中學中倡導認識全球文化（特別是中國之儒家道家思想）之工作。穆氏係主張現代青年應了解思想與價值之重要性的學者。

際此世界上三分之一以上人口正爲共產式的技術秩序所奴役，而原子武器之總數量已抵達平均每一世上人卽攤到等於三百噸之黃色炸藥之時會，人類渴望能在漢唐盛世之大一統狀況下生活，而於享受政治的經濟的自由之外，更享受精神的自由。從中國人而言，復興中華文化首重在重新樹起儒家之精神傳統。敬老尊賢實爲儒家重要傳統之一。　五十九年九月孔學會特刊

本文後記

復興中華文化之舉，不僅是當前中華民族的重大任務，也是人類此後在地球上能否維持悠久的生存之重大關鍵。多年來我有一種看法，認爲中國文化是「先進的」，西方文化則是「後進的」。中國在兩千餘年前春秋戰國時代，科學技術的進步，卽已突飛猛進，各國利用新技術、新方

法，而梯山航海，四面八方的向外擴張，並從事彼此相互間之武力鬬爭；其情形與近三百年來西方文明的進展，大致相同。但中國有遠古聖王所傳下之「中道」思想，爲儒家所繼承而傳遞下去，加以「志於道，據於德，依於仁，游於藝」之人生觀，與「格、致、誠、正、修、齊、治、平」之政治哲學，終於在暴秦統治崩潰後，扶助漢朝而成大一統。

戰國時代的七雄中，秦國向西方北方發展，楚國向東南西南發展，韓、趙、魏向北擴充，燕齊等國則向北方與海上出發，同時俱有問鼎中原的野心。當時奔走各國之游士中，有法家、墨家、兵家、名家、陰陽家等人，甚得王侯等之優禮遇與信任，祇有儒家迂濶、道家恬淡，主張與時代不合，然到漢代統一天下時，則深得其用。

戰國時代科學技術之進步，到了大一統時，必然轉爲和緩。此因統一時國家偃武修文，對於科學技術之需要，不如戰國時代之迫切。中國古代帝王，雖對道、器並重，然在太平時代，對奇巧淫技不復措意。儒家並不反對科學技術，因科技進步，可以增進利用厚生，但認爲「正德」應在「利用厚生」之前。

中國儒家、道家均主張人與天（自然），人與人之間，以及人之自身，均應保持和諧融洽。道家雖對儒家之積極進取，不甚贊同；而時有批評的議論。實際上二家學說，相輔相成；眞正儒者對眞正道家意見，是願意虛懷接納的。

當前西方文明，乃係將古代中國在科學技術上之發現，經由阿拉伯、蒙古等民族之傳播，而接受下來，並將之發揚光大所得到之成果。西方人因缺乏中國之中道思想，自古以來，即難以和諧融洽，而始終處於「戰國」的狀況。科學技術首先被應用於武力之增進，繼乃被用於利用厚生的方面，於是人口增加、生活程度提高。西方社會各方面，對此種變動認其爲常態，而認爲西方文明乃係永遠「進步的」，東方文明則係永久「停滯的」。其實中國在十七世紀中葉之科學技術，尚遠在西方之上。而清朝乾隆皇帝晚年，亦即英國喬治三世、法國路易十六世時代，歐洲發生大亂，中國則太平康樂。其主要原因，由於美洲發現以後，各種農產品種子，如番薯（一名甘薯或地瓜）、玉蜀黍、洋花生等等，在明朝末年被傳來中國。當時明朝有內憂外患，對此等作物尚未能充分利用，即遭到流寇與淸兵擾亂而易代。入清後百餘年間，此等耐旱的作物，已遍種於各省之中田、下田（邊際田），中國因之人口大增。清順治十八年，人數僅二千一百萬餘人者，迨（一百廿二年後）乾隆四十八年已激增爲二萬八千四百萬人。縱將賦稅制度改革以及統計不正確等因素計入，但增加趨勢是無可否認的。中國自嘉慶年間起，即遭遇內憂外患，至今未已。西方文明之興起，由於海權擴張、帝國主義之侵略、工業革命等等因素。但就中南北美等大陸與澳洲等未開發土地之被利用，最爲重要。過去社會有四分之三的人口，從事農業，來養活其餘四分之一的城市人民及官吏等等。現在美國僅需十分之一的人口從事農業，便可養活十分之九的其他人口。

西方自羅馬帝國崩潰以後，戰爭頻繁，祇有十九世紀初年拿破崙戰敗後以迄一九一四年第一次大戰開始時之一世紀，歐洲得到蘇息并向外擴展，差可與我國康、雍、乾三朝盛況相比擬。當前的世界，因二次大戰後的科學技術之新革命，而人口暴增，生產與分配不均，地面與地下各種資源，被加速的消耗，種種的人與自然、人與人之間，以及人自身內部之失去均衡問題，如巨潮一般的興起。當前無論富國或貧國，均有無窮的政治上、社會上、經濟上棘手問題，難求解決之方，就中人口問題最爲嚴重。現代世界之危機，使中國有心人得到借鏡，而回味到中國古代先聖哲人等之各種敎訓，例如「人心惟危，道心惟微，惟精惟一，允執厥中」，「福兮禍所倚，禍兮福所倚」，「滿招損，謙受益」等等古訓，得到最深刻的體認。當前世界上科學技術被應用於軍備與戰爭，以及經濟增長之效果異常偉大；人類是否繼續生存或全部毀滅，繫於少數當權的領袖，以及絕大多數的民衆。不幸的是：掌權的領袖們中，有祇認「强權卽是公理」之蘇共毛共等人，而大多數民衆連同僞自由主義的學者們及僞宗敎家等人，多是見利忘義，唯力量、唯金錢是視的人物。我們在此時談論復興中華文化，應首將現代西方文明病源研究清楚，而用現代方法，去研究中國古代先哲在「天下大亂道術分裂」的時候，所用以扼衰起敝之中國精神道統，並將此種敎訓發揚光大，由臺灣而大陸而全世界，此乃是復興中華文化的眞正意義與使命。

沈譯「佛利曼貨幣政策簡介」序

如果我們向一位富有學識經驗的先生請教，什麼是安定社會的重要因素，他可能從以下諸項目中任意提示一項或數項，以答覆我們：四維八德之人生哲學，民主政治、全民教育，社會服務與安全制度，以及經濟與國防相互配合之建設。

我們雖衷心贊同他所擧出之諸項目，但我們深信「安定的貨幣」亦應被列入於「安定的社會」之最重要的因素之中，因假如貨幣不安定時，則以上所列擧之一切的理想與措施，均將難以生效，社會當然亦不能安定了。

讓我們來簡略的檢討一下，過去中國與西方有關貨幣的若干歷史資料，以察見貨幣安定與社會及民生之關係。

周朝初起時卽行錢法。太公望被封於齊國後，推行錢法於齊，其後管仲相桓公，通輕重之權。單穆公曾諫周景王勿行大錢，因其使幣重用物輕。漢文帝時吳鄧錢滿天下，莢錢多輕，迨到景帝時終致七國之亂。武帝用兵國外，開通西南夷而國用不足，物價騰踊。王莽造大錢五十小錢直一，以篡奪漢祚，然不旋踵而身敗名裂。蜀漢鑄直百五銖錢，僅二世而止。後周鑄永通萬國錢以一當千，亦自促其祚。唐宋明清諸代大多於開國及鼎盛時其泉幣輕重適當，肉好背面皆周郭，迨至季世則錢幣輕小而薄，於是民窮商困，紀綱失墜，終於易代。元朝師唐之飛錢、宋之交子、會子之意而使用鈔券，但管理不善未及百年而亡國。明清兩代銀兩、銅錢與寶鈔並行，晚歲鈔法大壞，文衰武弊國祚遂移，此其明證也。

西元前五世紀時之雅典古國行使銀幣，其經濟繁榮歷時百餘年方始衰落。此後約兩千年，在文藝復興時之義大利，曾有威尼斯與佛羅稜薩二城使用銀幣通貨，並維持其幣值而商業大爲興旺。荷蘭與法國在十七八世紀海權時代亦因維護幣值而經濟繁榮。英帝國樹立英鎊制度，以英蘭銀行及倫敦市場爲其樞紐，遂在十九世紀爲國際貿易與投資之中心。其重要關鍵在於英鎊幣值之安定。本世紀兩次世界大戰，有甚多國家於通貨制度被毀後經濟卽崩潰，政治亦改觀，俄之羅布、德之馬克、法之佛郎皆其例證也。

自國際貨幣基金於一九四六年成立後，全球一百十餘國家先後參加爲會員國，而根據基金協定採用貨幣平價制度，將其貨幣等與黃金及美元相互連繫，廿餘年來對各會員之國計民生大有裨益。

近數年來自由世界有慢性通貨膨脹，黃金市價近已自基金協定所約定之每盎斯合美元三十五元，上升至每盎斯合美元三十九元，加以共產國家對自由世界之陰謀顛覆有增無已，故此後世界大局困難尙多，不易趨於寧靜

從以上所列泛擧之若干貨幣史實，我們應可以體察到健全貨幣與人類幸福之重大關聯。世界之長治久安，實繫於健全的貨幣理論之被社會大衆所了解與贊助。

沈家津君近將佛利曼氏 Milton Friedman 新著論文譯爲中文發表，使我們獲知最近貨幣理論之趨勢。佛氏出身於密契爾教授所創辦之國家經濟研究所，現任芝加哥大學教授。芝大過去之經濟學教授等自西門氏 Henry Simon 以降，向來以維持經濟之自由爲基本信條。佛氏一方面堅持在經濟的、政治的、與社會關係方面之個人自由爲「至上之善」Supreme Good，但他在另一方面則對聯邦準備局有關美國貨幣金融之措施，每有批評之言論。他堅持就長期而言（五年至二十年）快速的經濟增長，與全面就業及平穩的物價三者，並非互不相容許的，他與最近得到本年諾貝爾經濟學獎金之薩默爾遜氏 Paul Samuelson，以及在本書中與他辯論問題之海勒氏 Walter Heller，均是當前美國經濟學者中著作等身之風頭人物。

本文著者過去因職務關係，曾有機會與國際間經濟及金融之權威學者相晤會，或共同參加會議。英國之凱因斯氏蘇爾德氏，法國之李斯特教授，孟納先生，德國之白萊欣氏，以及美國之毛根索氏威廉教授等人，我在過去四十年中曾有機會與他們晤面討論，尤以瑞典學者國際貨幣基金總經理之約可伯孫氏，與我最爲相知有素。但此等先生大多久已逝世，僅存之一二人亦已退休，而需讓位予繼起者如佛利曼氏等來領導羣倫了。

約氏在其名著「國際貨幣問題討論集」中，曾援引十七世紀瑞典著名政治家俄克孫斯頓納氏 A. Oxenstierna 之雋語兩段，堪被引用以結束本文：

㈠俄氏致其子書函中說：「你曾否知道，我們當前的世界是僅被如此些微的智慧所統治的嗎？」

㈡俄氏在一六五四年逝世前之遺言中說：「當我是一位青年人時，我曾努力對貨幣金融求獲了解。現在我已抵達晚年了，仍不能不承認一件事實，那乃是：當前我所知關於貨幣之一切，並不比我於年青時所知者爲多。」

俄氏晚歲的心情，亦卽是本文著者當前之心情，我認爲在今日世界人類正分爲正邪兩大勢力而從事奮鬪時，每一位正直人應當對若干重要問題覓求正確的了解。佛氏玆書因其所討論者與人類前途有關，故值得我們之細心閱讀。同時沈君譯文之流暢，與表達原著者論旨之力求忠實，亦值得我們之讚許與敬意。

五十九年十月廿八日

三民文庫已刊行書目（五）

編號	書名	著者	類別
161.	水仙的獨白	胡品清著	散文
162.	希臘哲學史	李震著	哲學
163.	靈臺書簡	劉紹銘著	書簡
164.	春天是你們的	鍾梅音著	散文
165.	談文學	鄭騫等著	文學
166.	水仙辭	張秀亞著	散文
167.	德國文學散論	李魁賢著	新詩
168.	中國史學名著①②	錢穆著	歷史
169.	管艇書室學術論叢	顧翊群著	學術
170.	鐘	水晶著	散文
171.	旗有風集	漢客著	散文
172.	讀書與行路	彭歌著	散文
173.	南海遊踪	施翠峰著	遊記
174.	閑話閑話	洪炎秋著	文學
175.	迎頭趕上	陳立夫著	論文
176.	愛情力量及正義	王秀谷譯	哲學
177.	青年與學問	唐君毅著	哲學
178.	靜軒時論選集	賴景瑚著	時評
179.	青年的路向	鄭鴻志譯	心理
180.	雨窗下的書	繆天華著	小品文
181.	人性與心理	孟廣厚著	心理
182.	自信與自知	彭歌著	散文
183.	文藝與傳播	王鼎鈞著	散文
184.	人海聲光	張起鈞著	散文
185.	橫笛與豎琴的响午	蓉子著	新詩
186.	音樂創作散記	黃友棣著	音樂
187.	芭琪的雕像	胡品清著	散文
188.	中國哲學與中國文化	成中英著	哲學
189.	舊金山的霧	謝冰瑩著	散文
190.	說中華民族之花果飄零	唐君毅著	散文
191.	詩經相同句及其影響	裴普賢著	文學
192.	科學眞理與人類價值	成中英著	邏輯
119.	回顧錄①②③④	鄒魯著	傳記
194.	藝術零縑	劉其偉著	藝術
195.	白馬非馬	林正弘著	邏輯
196.	書生天地	陳鼎環著	散文
197.	王陽明哲學	蔡仁厚著	哲學
198.	童山詩集	邱燮友著	新詩
199.	海外憶	李慕白著	散文
200.	致被放逐者	彭歌著	散文

三民文庫已刊行書目（四）

編號	書名	著譯者	類別
121.	樂藝	劉其偉著	藝術
122.	烽火夕陽紅	易君左著	回憶錄
123.	哲學與文化	吳經熊著	哲學
124.	危機時代的中西文化	顧翊羣著	文化論集
125.	自然的樂章	盧克彰著	散文
126.	筆之會	彭歌著	散文
127.	現代小說論	周伯乃著	論述
128.	美學與語言	趙天儀著	哲學
129.	一個主婦看美國	林慰君著	散文
130.	蘭隨苑筆	鍾梅音著	散文
131.	異鄉偶書①②	何秀煌 王劍芬 著	散文
132.	詩心	黃永武著	文學
133.	近代人和事	吳相湘著	歷史
134.	白萩詩選	白萩著	新詩
135.	哲學三慧	方東美著	哲學
136.	綠窗寄語	謝冰瑩著	書信
137.	淺人淺言	洪炎秋著	散文
138.	危機時代國際貨幣金融論衡	顧翊羣著	經濟
139.	家庭法律問題叢談	董世芳著	法律
140.	書的光華	彭歌著	散文
141.	燈下	葉蟬貞著	散文
142.	民國人和事	吳相湘著	歷史
143.	詞箋	張夢機著	文學
144.	生命的光輝	謝冰瑩著	散文
145.	斯坦貝克攜犬旅行	舒吉譯	遊記
146.	現代文學的播種者	吳詠九著	文學
147.	琴窗詩鈔	陳敏華著	新詩
148.	大衆傳播短簡	石永貴著	論述
149.	那兩顆心	林雪著	散文
150.	三生有幸	吳相湘著	傳記
151.	我及其他	劉枋著	散文
152.	現代詩散論	白萩著	新詩
153.	南海隨筆	梁容若著	散文
154.	論人	張肇祺著	文化哲學
155.	孤軍苦鬪記	毛振翔著	傳記
156.	回春詞	彭歌著	散文
157.	中西社會經濟論衡	顧翊羣著	經濟
158.	宗教哲學	錢永祥譯	哲學
159.	反抗者①②	劉俊餘譯	論述
160.	五經四書要旨	盧元駿著	文學

三民文庫已刊行書目（三）

81.	一樹紫花	葉蘋著	散文
82.	水晶夜	陳慧劍著	散文
83.	胡巡官的一天	金戈著	小說
84.	取者和予者	彭歌著	散文
85.	禪與老莊	吳怡著	哲學
86.	再見！秋水！	畢璞著	小說
87.	迦陵談詩①②	葉嘉瑩著	文學
88.	現代詩的欣賞①②	周伯乃著	文學
89.	兩張漫畫的啓示	耕心著	散文
90.	語小集	蕭冰著	散文
91.	社會調查與社會工作	龍冠海著	社會學
92.	勝利與還都	易君左著	回憶錄
93.	文學與藝術	趙滋蕃著	散文
94.	暢銷書	彭歌著	散文
95.	三國人物與故事	倪世槐著	歷史
96.	籠中讀秒	姚葳著	故事
97.	思想方法	秀河著	散文
98.	腓力浦的孩子	武陵溪著	時評傳記
99.	從香檳來的①②	彭歌著	小說
100.	從根救起	陳立夫著	論文
101.	文學欣賞的新途徑	李辰冬著	文學
102.	象形文字	陳冠學編著	文字學
103.	六甲之冬	沙岡著	小說
104.	歐氛隨侍記①②	王長寶著	日記
105.	西洋美術史①②	徐代德譯	藝術
106.	生命的學問	牟宗三著	哲學
107.	孟武續筆	薩孟武著	散文
108.	德國現代詩選	李魁賢譯	新詩
109.	祝善集	彭歌著	散文
110.	校園裡的椰子樹	鄭清文著	小說
111.	行與言	桂裕著	雜文
112.	吳淞夜渡	孟絲著	小說
113.	仙人掌	胡品清著	散文
114.	理想和現實	毛子水著	論述
115.	班會之死	碧竹著	小說
116.	二涼亭	吳樹廉著	小說
117.	六十自述	鄭通知著	傳記
118.	悲劇的誕生	李長俊譯	哲學
119.	一束稻草	吳怡著	散文
120.	德國詩選	李魁賢譯	新詩

三民文庫已刊行書目　（二）

41.	寒花墜露	繆天華著	小品文
42.	中國歷代故事詩①②	邱燮友著	文學
43.	孟武隨筆	薩孟武著	散文
44.	西遊記與中國古代政治	薩孟武著	歷史論述
45.	應用書簡	姜超嶽著	書信
46.	談文論藝	趙滋蕃著	散文
47.	書中滋味	彭歌著	散文
48.	人間小品	趙滋蕃著	散文
49.	天國的夜市	余光中著	新詩
50.	大湖的兒女	易君左著	回憶錄
51.	黃霧	朱桂著	散文
52.	中國文化中與國法系	陳顧遠著	法制史
53.	火燒趙家樓	易君左著	回憶錄
54.	抛磚記	水晶著	散文
55.	風樓隨筆	鍾梅音著	散文
56.	那飄去的雲	張秀亞著	小說
57.	七月裡的新年	蕭綠石著	散文
58.	監察制度新發展	陶百川著	政論
59.	雪國	喬遷譯	小說
60.	我在利比亞	王琰如著	遊記
61.	綠色的年代	蕭綠石著	散文
62.	秀俠散文	祝秀俠著	散文
63.	雪地獵熊	段彩華著	小說
64.	弘一大師傳①②③	陳慧劍著	傳記
65.	留俄回憶錄	王覺源著	回憶錄
66.	愛晚亭	謝冰瑩著	小品文
67.	墨趣集	孫如陵著	散文
68.	蘆溝橋號角	易君左著	回憶錄
69.	遊記六篇	左舜生著	遊記
70.	世變建言	曾虛白著	時事論述
71.	藝術與愛情	張秀亞著	小說
72.	沒條理的人①②	譚振球譯	哲學
73.	中國文化叢談①②	錢穆著	文化論集
74.	紅紗燈	琦君著	散文
75.	青年的心聲	彭歌著	散文
76.	海濱	華羽著	小說
77.	儍門春秋	幼柏著	散文
78.	春到南天	葉曼著	散文
79.	默默遙情	趙滋蕃著	短篇小說
80.	屐痕心影	曾虛白著	散文